全国中等职业技术学校汽车类专业教材

汽车商务礼仪

人力资源社会保障部教材办公室组织编写

中国劳动社会保障出版社

简介

本书主要内容包括商务礼仪概述、基本形象礼仪、商务接待礼仪、商务社交礼仪、商务办公礼仪、商务活动礼仪。

本书由刘锋主编，黄河副主编，李沐瑾、刘亮、祁媛、杨丹、张弛参与编写；要亚娟主审。

图书在版编目(CIP)数据

汽车商务礼仪/人力资源社会保障部教材办公室组织编写. —北京：中国劳动社会保障出版社，2017

全国中等职业技术学校汽车类专业教材

ISBN 978-7-5167-3109-3

Ⅰ.①汽… Ⅱ.①人… Ⅲ.①汽车-商务-礼仪-中等专业学校-教材 Ⅳ.①F766

中国版本图书馆 CIP 数据核字(2017)第 187423 号

中国劳动社会保障出版社出版发行

（北京市惠新东街 1 号 邮政编码：100029）

*

三河市潮河印业有限公司印刷装订 新华书店经销

787 毫米×1092 毫米 16 开本 7.25 印张 154 千字

2017 年 7 月第 1 版 2023 年 12 月第 9 次印刷

定价：14.00 元

营销中心电话：400-606-6496

出版社网址：http://www.class.com.cn

http://jg.class.com.cn

前　言

为了更好地适应中等职业技术学校汽车类专业教学要求，全面提升教学质量，人力资源社会保障部教材办公室组织有关学校的骨干教师和行业、企业专家，在充分调研企业生产和学校教学情况、广泛听取教材用户反馈意见的基础上，对全国中等职业技术学校汽车类专业教材进行了修订和补充开发。

本次教材修订和补充开发工作的重点主要体现在以下几个方面：

第一，完善教材体系，更好地满足教学需求。

结合职业院校汽车类专业设置和办学特点，调整并完善了教材体系，与专业通用基础教材相衔接，开发了汽车维修、汽车电器维修、汽车钣金与美容、汽车检测、汽车营销等专业方向教材，构建了“通用基础平台＋不同专业方向平台”的教材体系。此外，还针对学校对电控技术、车载网络技术、新能源汽车等高新技术的教学需求，开发了相应的教材。

第二，反映技术发展，适应岗位职业能力需求变化。

随着汽车制造水平的不断提高，汽车维修的内容和工艺发生了相应变化；伴随着私家车保有量的不断增长，汽车营销、汽车美容等相关从业人员的职业能力要求也在发生相应变化。因此，本次修订工作注重在教材中增加新知识、新技术、新材料、新工艺等方面的内容，体现教材的先进性。同时，根据中级工从事相关岗位工作的实际需要，合理确定学习目标，对教材内容的深度、难度做了适当调整，同时注重综合职业能力的培养。

第三，融入先进教学理念，创新教材表现形式。

专业通用基础教材的编写以汽车及其零部件为载体，充分体现专业特色；专业方向教材的编写根据学校教学实际，充分体现一体化教学思路，增加了实训内容在教材中的比重。为了增强教材的表现效果，提高学生的学习兴趣，教材中使用了大量高质量的实物图片，部分教材采用双色或彩色印刷。

第四，开发辅助产品，提供教学服务。

为了方便教学，配套开发了习题册、教学参考书和电子课件。电子课件可通过职业教育教学资源和数字学习中心（http：// jg. class. com. cn）免费下载。

本次教材修订工作得到了河北、江苏、浙江、山东、山西、广东、广西、陕西等省、自治区人力资源社会保障厅及有关学校的大力支持，在此表示诚挚的谢意。

人力资源社会保障部教材办公室

2017年1月

目　录

第一章　商务礼仪概述

§1—1　礼仪的含义及特点

学习目标

- 理解礼仪的含义。
- 熟悉礼仪的特点。

相关知识

礼仪是人们在社会交往中受历史传统、风俗习惯、自然环境、时代背景等因素的影响而形成的，是以建立和谐的社会人际关系为目的的各种符合交往要求的行为准则和规范的总和。

一、礼仪的含义

礼仪是一个复合词语，它包括“礼”和“仪”两部分。

礼是人与人之间在交往中，通过言谈、表情、举止等表示敬重和友好的行为，体现了一个人的修养、文化层次和文明程度。

仪是人们在日常生活中，特别是交际场合中，相互问候、致意、祝愿以及表示相互尊重的惯用形式。仪包括仪表和仪式两个方面。

礼仪指的是人们在各种具体社会交往中，为了相互尊重，在仪表、仪容、仪态和言谈举止、仪式等方面约定俗成、共同认可的行为规范。概括而言，其表现形式为：谦虚而恭敬的态度，优雅而得体的举止，文明而礼貌的语言，大方而高雅的装束。

二、礼仪的特点

1．规范性

礼仪是人们在各种交际场合待人接物时必须遵守的行为规范。这种规范性，不仅约束着人们在一切交际场合的言谈话语、行为举止，使之合乎礼仪，而且也是人们在一切交际场合必须采用的一种“通用语言”，是衡量他人、判断自己是否自律、敬人的一种尺度。总之，礼仪是约定俗成的一种自尊、敬人的惯用方式。

2．限定性

礼仪适用于普通情况之下的、一般的人际交往与应酬。在这个特定范围内，礼仪肯定行之有效。离开了这个特定的范围，礼仪则未必适用，这就是礼仪的限定性特点。当所处场合不同，所具的身份不同时，所要应用的礼仪往往会因此而各有不同，有时甚至差异很大。

3. 可操作性

切实有效、实用可行、规则简明、易学易会、便于操作，是礼仪的一大特征。礼仪既有总体上的礼仪原则、礼仪规范，又在具体的细节上以一系列的方式、方法，仔细、周详地对礼仪原则、礼仪规范加以贯彻，把礼仪规范落到实处，使之言之有物，行之有礼。

4. 传承性

作为一种人类的文明积累，礼仪将人们在交际与应酬之中的习惯做法固定下来，流传下去，并逐渐形成自己的民族特色，这既不是一种短暂的社会现象，也不会因为社会制度的更替而消失。

5. 变动性

随着世界经济的国际化倾向日益明显，各个国家、地区、民族之间的交往日益密切，各类礼仪随之也不断地相互影响，相互渗透，取长补短，不断地被赋予新的内容，这就使礼仪具有相对的变动性。

6. 地域性和民族性

礼仪的内容大都是以约定俗成的民族习俗、特定文化为依据，它突出地集中体现了各区域、各民族的心理、文化和习惯。礼仪不仅是民族成员互相认同的重要标志，也是各民族相互区别的重要标志。各民族之间、各地域之间礼仪是不同的，什么民族行什么礼，因此，礼仪具有鲜明的民族性。在交际活动中，应当注重各个区域、各个民族的礼仪传统，入乡随俗是很有必要的。

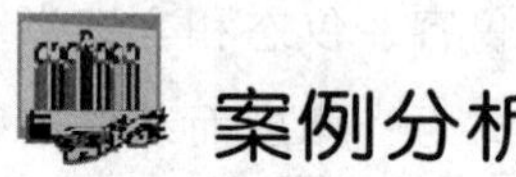

案例分析

案例：她为什么受到冷遇？

张女士是一位商务工作者，由于业务成绩出色，公司派她随团到中东地区某国考察。抵达目的地后，东道主热情接待了考察团，并举行宴会招待。席间，为表示敬意，主人向每位客人都递上了一杯当地特产饮料。轮到张女士接饮料时，一向习惯于用左手的张女士不加思索，便伸出左手去接，主人见此情景脸色骤变，不但没有将饮料递到张女士手中，而且非常生气地将饮料重重地放在餐桌上，并不再理睬张女士，这是为什么？

分析：

《礼记》云："入境而问禁，入国而问俗，入门而问讳。"作为从事多年商务工作的张女士，理应对中东地区的忌讳和习俗有基本的了解，但她却忽略了这一点。中东地区是伊斯兰教教徒最为集中的地区，不少国家还把该教定为国教。按伊斯兰教教规，左手是拿不干净东西的，故在人际交往中，忌用左手递、接物品。当东道主用右手递送饮料时，张女士应用右手接取，但她仍然按国内养成的习惯用左手去接，这犯了中东地区不用左手的忌讳，而且是对主人的极大侮辱，难怪东道主满脸怒容，不再理睬她了。

§1—2　商务礼仪的含义及内容

学习目标

- 理解商务礼仪的含义。
- 熟悉商务礼仪的内容。
- 掌握学好礼仪的意义。

相关知识

市场竞争最终是人员素质的竞争，对商务人员来说，素质就是商务人员个人修养的表现。修养体现在细节上，细节展示素质。所谓个人素质，就是在商务交往中待人接物的基本表现。一个人精神面貌的塑造，在很大程度上取决于其思想境界、道德情操和文化修养等内在修养。因此，商务人员在学习礼仪行为规范的同时，应注重自己的内在修养，不断地充实自我，以提高自身的礼仪水平。

一、商务礼仪的概念

商务礼仪指的是人们为了达到社交目的，按照一定的礼仪规范要求，结合自己的实际情况，在礼仪品质、礼仪意识、礼仪实践等方面所进行的自我修炼和自我改造。

二、商务礼仪的作用

1. 有助于建立良好的人际关系

在商务交往中，人们相互影响，相互作用，相互合作，如果不遵循一定的规范，双方就缺乏协作的基础。

在众多的商务规范中，礼仪规范可以使人明白应该怎样做，不应该怎样做，哪些可以做，哪些不可以做，有利于确定自我形象，尊重他人，赢得友谊。

2. 有助于维护商务人员和企业的形象

企业的形象是由该企业的一个个员工表现出来的，好的企业形象有助于企业在激烈的市场竞争中取得有利的地位，而不好的企业形象往往会导致一个企业的衰亡。商务人员或企业员工的形象就是其形体外观和举止言谈在商务交往中在交往对象心目中形成的综合化、系统化的印象，是影响交往能否融洽，交往能否成功的重要因素。而商务礼仪就是塑造形象的非常重要的手段，如在人际交往中，言谈讲究礼仪使人文明，举止讲究礼仪使人高雅，行为讲究礼仪使人美好，穿着讲究礼仪使人增强自信。运用商务礼仪，可以在公众心目中塑造出良好的组织形象，使企业在激烈的市场竞争中立于优势地位，并产生出很好的社会效应和经济效益。

阅读资料

微软公司创始人比尔·盖茨的成就众所周知，据他在哈佛大学的同学史蒂夫回忆说，大学时期的比尔·盖茨不善交际，缺乏社交热情，后来为了创办微软公司，他不得不出席各种聚会和演讲会，渐渐开始热衷于社交活动，对社会公益事业也表现出极大的热诚，开始认真倾听周围人对自己的评价，并不断努力提升自己的形象，使自己更具有亲和力——当然，他做到了。试想一下，如果比尔·盖茨没有努力改善形象，没有吸引并笼络到一大批既聪明又有能力的合作者和追随者，他怎么可能缔造出称雄世界的微软帝国呢？

3. 能增进商务人员之间的感情

在商务活动中，随着交往的深入，双方可能都会产生一定的情绪体验。它表现为两种情感状态：一种是情感共鸣；另一种是情感排斥。礼仪容易使双方相互吸引，增进感情，促使良好人际关系的建立和发展。反之，如果不讲礼仪，粗俗不堪，那么就容易产生情感排斥，给对方带来不好的印象，造成人际关系紧张。

阅读资料

某市文化单位计划兴建一座影剧院。一天，公司王经理正在办公，家具公司李经理上门推销座椅。一进门便说："哇！好气派。我很少看见这么漂亮的办公室。如果我也有一间这样的办公室，我这一生的心愿就满足了。"李经理就这样开始了他的谈话。然后他又摸了摸办公椅扶手说："这不是香山红木么？难得一见的上等木料呀。""是吗？"王经理的自豪感油然而生，接着说："我这整间办公室都是请深圳装潢厂家装修的。"并亲自带着李经理参观了整间办公室，而且兴致勃勃地介绍了计算比例、装修材料和色彩调配等，自我满足感溢于言表。如此，李经理自然可以拿到王经理签字的座椅订购合同，同时，互相都得到一种满足。

4. 能提高商务活动的效益

曾经有人说，如果可口可乐遍及世界各地的工厂在一夜之间被大火烧光，那么第二天世界各大媒体的头条新闻可能是各国银行及金融巨头争先恐后地向可口可乐公司贷款，因为在这个白色背景上的八个红色字母标记已经深入人心，可口可乐公司的企业形象得到了世界各国的认可（图1—2—1）。

众所周知，企业形象的好坏，有两个衡量指标：知名度和美誉度。知名度通过大量的媒体广告可以提高；美誉度实质上由员工素质和先进的管理模式所决定。好形象源于好服务，礼仪服务就是优质服务的重要内容，它通过规范服务人员的仪容、仪表、服务用语、操作程序等，使服务质量具体化、标准化、制度化，使顾客得到一种尊重、信任和感情上的满足。如果“回头客”的比重大大增加，就会给企业带来巨大的经济效益。

图 1—2—1　品牌的力量

商务人员只有具备了商务礼仪，才能够使自己树立起一种内心的道德信念和礼貌修养准则，这样也就会获得一种内在的力量。在这种力量下，人们不断提高自我约束、自我克制的能力，在与他人进行商务交往时，就会自觉按礼仪规范去做，而无须别人的提示与监督。如果自觉依据这些规矩来待人处事，就能使大家相处和谐、愉快，交际的氛围也就会更加融洽。反之，就容易使人产生反感、冲突。

美国形象设计大师罗伯特·庞德说过：“你的整体展示——服装、身体、面部、态度为你打开了胜利之门，你的出现向世界传递你的权威、可信度、被喜爱度。”的确，礼仪是一个人的教养、风度以及人格魅力的最好展现。随着商业活动的开展，只有扩大交流才能够让自己迅速发展，而礼仪是其中重要的工具之一。每个人都想成功，成功需要提升自我形象(图 1—2—2)，增强自身的竞争力。

图 1—2—2　形象的整体展示

综上所述，不难看出礼仪在当今社会上的重要性。懂得礼仪，你将会发现人生又有了新的契机。同样，商务礼仪在商务活动中也发挥着相当重要的作用。让我们每个人在发展迅速、商机无限的社会中，展现出彬彬有礼的人格魅力。

三、商务礼仪的分类

1. 基本形象礼仪（图1—2—3）

顾名思义，基本形象礼仪即人的本身主观条件，一个人的基本形象礼仪如果好，往往会获得一个好的印象。基本形象礼仪又分为“着装礼仪”“仪容礼仪”“仪态礼仪”。

图1—2—3　基本形象礼仪

2. 商务仪式礼仪

商务仪式礼仪是一个人是否能与人友好相处的关键，是商务礼仪中的重点。商务仪式礼仪通常可以分为商务见面礼仪（图1—2—4）、商务接待礼仪、商务拜访礼仪、商务馈赠礼仪、商务宴请礼仪、通信礼仪等。

图1—2—4　商务见面礼仪

3. 商务沟通礼仪

在商务活动中，“会说话”是非常重要的。作为一名商务人员，从事商业活动时与人沟通是必不可少的，沟通往往可以消除隔阂，使得事情事半功倍。

掌握好商务沟通的礼仪更是重中之重。沟通礼仪中分为问候语礼仪、谦敬语礼仪、赞美语礼仪以及沟通的技巧和忌语。

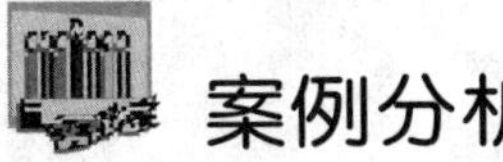

案例分析

案例一：一毛钱，还想买态度？

在某地一辆公共汽车上曾发生了一起乘客与乘务员之间的争吵事件。乘务员："往里走，塞在门口像什么样！"乘客："态度好一点！"乘务员："什么态度啊？态度几毛钱一斤？"乘客："刚才我不是跟你说了，我到下一站就下车。"乘务员："我不也在跟你说吗，你一毛钱，想要买什么态度？"

分析：

中国是四大文明古国之一，享有"礼仪之邦"的美称。在现实生活中，中国也一直倡导文明礼貌十字用语，这既是人际关系和谐的润滑剂，也是尊重别人、尊重自己的客观要求，更是中华民族精神文明的具体体现。作为服务性行业，"您好、请、谢谢、对不起、再见"则是对客服务的基本态度。

本案例中，乘务员居然还把态度跟钱联系在一起，表现出来的不仅是对乘客的不尊重，更重要的是也贬低了自己。以钱来决定对客态度的服务人员，是得不到别人尊重的。

案例二：一口痰"吐掉"一项合作

某医疗器械厂与外商达成了引进"大输液管"生产线的协议，第二天就要签字了。可当这个企业的厂长陪同外商参观车间时，习惯性地向墙角吐了一口痰，然后用鞋底去擦。这一个小小的举动引起了外商的反感。之后，外商让翻译给那位厂长送去一封信："恕我直言，一个厂长的卫生习惯可以反映一个工厂的管理素质。况且，我们今后要生产的是用来治病的输液皮管。贵国有句谚语叫人命关天！请原谅我的不辞而别……"一项已基本谈成的项目，就这样被"吐"掉了。

分析：

一个人的举止和风度不仅代表自己的形象，体现自己的教养，在一定的场合，还代表组织的形象和行为。因此，必须养成良好的习惯，提高个人修养，从小处做好，商机才不会溜走。

第二章　基本形象礼仪

§2—1　着 装 礼 仪

学习目标

- ◆ 熟悉商务着装的原则、方法和禁忌。
- ◆ 熟悉商务人员在工作中应遵循的商务着装礼仪。
- ◆ 熟知商务着装的选择、穿着和搭配，严格遵守有关商务着装的礼仪。

相关知识

任何公司成员的个人形象都蕴含着公司的文化，体现着公司的形象，并且代表着公司产品的形象，因此，形象对于销售人员来说极其重要。一个穿戴整洁、举止有礼的销售人员很容易赢得客户的信任和好感。销售人员拥有的优雅仪表会拉近与客户之间的距离，减少客户的疑虑，提升销售人员的亲和力，进而促使客户产生购买的欲望，从而达成交易。

一、商务着装礼仪

阅读资料

有位女职员是财税高手，她有很好的学历背景，在公司里的表现也一直很出色。但当她到客户的公司提供服务时，对方主管却不太注重她的建议。一位礼仪专家发现这位女职员在着装方面有明显的缺憾：她 26 岁，身高 147 厘米，体重 43 公斤，看起来机敏可爱，喜爱着童装，像个小女孩，其外表与她所从事的工作相距甚远，客户对于她所提出的建议缺少安全感，所以难以采纳她的意见。这位礼仪专家建议她用服装来强调专业气质，用深色的套装，对比色的上衣和镶边帽子来搭配，并且戴上重黑边的眼镜。女职员照办了，结果，客户的态度有了较大的转变，业务开展也顺畅起来。

在职场，打扮过于时髦的女性并不吃香，人们对服装过于花哨、怪异者的工作能力、工作作风、敬业精神和生活态度一般都会持有怀疑态度。这对其工作会产生一定的负面影响。

从礼仪的角度来看，着装不能简单地等同于穿衣。它是着装人基于自身的阅历、修养，审美情趣及身材特点，根据不同的时间、场合、目的，对所穿的服装进行精心的选择、搭配和组合。在各种正式场合，注重个人着装的人能体现仪表美，增加交际魅力，给人留下良好的印象，使人愿意与其深入交往。

图 2—1—1　TOP 原则

1. 职场着装——重在标准

服装的穿着，既受个人思想观念、个性特征的影响，同时也受个人的文化层次、审美品位所限。要想使服饰穿出效果、穿出品位，选择服装时应注意以下几个原则：

(1) TOP 原则（图 2—1—1）

T、O、P 分别是 time、object 和 place 三个英文单词的首字母。“T”表示时间，泛指早晚、季节、时代等；“O”表示目的、目标、对象；“P”表示地方、场所、位置、职位。TOP 原则是目前国际上公认的衣着原则。

阅读资料

一位女推销员在美国北部工作，一直都穿着深色套装，提一个男性化的公文包。因工作原因，她调到阳光普照的南部工作，却仍然以同样的装束去推销商品，结果成绩不够理想。后来她改穿色彩淡的套装，换了一个女性化一点的皮包，使自己有亲切感，着装的这一变化，使她的业绩提高了 25%。

可见，随着地域和文化的不同，如何得体、适度地穿着已成为一门重要的学问。一般而言，应选择与当地文化、气氛相融合的着装，这样能够很好地淡化地域和文化的不同带来的影响。

(2) 整体性原则

正确的着装能起到修饰形体和容貌的作用，能体现和谐的整体美。因此，要求仪表的修饰先着眼于人的整体，再考虑局部，促成修饰与人自身的诸多因素之间协调一致，使之浑然一体，营造出整体的风采。

(3) 适度性原则

仪表修饰无论是在修饰程度方面，还是在饰品数量和修饰技巧方面，都应把握分寸，自然适度，追求虽刻意雕琢而不露痕迹的效果。

(4) 整洁原则

在任何情况下，服饰都应该是整洁的。衣服不能沾有污渍，不能有绽线的地方，更不能有破洞或扣子等配件不齐全的现象。衣领和袖口处尤其要注意整洁。

2. 专业服装——重在规范

对于销售人员来说，穿着是否规范化，将直接影响到顾客对其的印象。4S 店要求销售人员的着装必须符合身份，又符合行业规范。通过规范化的着装来展现销售人员的专业素养与精神风貌，体现 4S 店的良好形象。4S 店销售人员服装的款式、色彩、面料应符合本行业标准并按季节分类，穿着合身，干净、整齐且熨烫平整。

销售人员制服穿着四忌：

忌脏——做到定期清洗。

忌皱——熨烫平整，悬垂挺括，线条笔直。

忌破——掉扣、飞线、破损。

忌乱——高挽袖口、卷裤口、乱配鞋袜、敞胸露怀、不系领带。

3. 4S 店职业着装标准

男士：	女士：
工作套装、浅色衬衣	工作套装、浅色衬衣
领　　带、工作胸牌	丝巾/领带、工作胸牌
深色袜子、黑色皮鞋	肉色袜子、黑色皮鞋

二、男士商务着装礼仪

一般正式场合中运用最多的就是西装了。正式的商务活动中，男士必须着西装、衬衣并打领带，商务工作中不可戴帽子、围巾。男士穿西装时，必须了解衬衫、领带、皮带、鞋袜、公文包与之组合搭配（图 2—1—2）的基本常识，才能真正穿出品位。

图 2—1—2　西装搭配

1. 西装的来源

西装起源于欧洲，有独特的着装标准。西方人穿西装，常根据不同的场合和季节选择不同颜色。重大礼节性场合着深色西装，上下班、娱乐和会友时则穿浅色、暗格、小花纹套装。从肤色角度考虑，中国人在社交场合，宜选择深蓝、深灰、黑灰色西装，这些颜色不仅端庄儒雅，而且能将面色衬托得更有光彩。

2. 西装的选择（图 2—1—3）

图 2—1—3 西装的面料、色彩、款式

（1）面料

商务男士在选择西装时应把毛料作为其首选面料。具体而言，纯毛、纯羊绒的面料以及高比例含毛的毛涤混纺面料，皆可作为西装的面料，而不透气，不散热，发光、发亮的各类化纤面料，则尽量不要用以制作西装。

（2）色彩

适合于男士在商务交往中所穿的西装，在色彩选择上以单色为宜。深蓝色显示出高雅、理性、稳重；灰色比较平和，衬出专业气质与权威感；咖啡色是一种自然而朴素的色彩，显得温暖而亲切；黑色西装富有弹性，不但婚丧喜庆皆适宜，上班场合亦可接受，是每位男士衣橱里必备的行头。除此之外，还可以选择灰色或棕色的西装。商务男士在正式场合不宜穿色彩过于鲜艳或发光、发亮的西装。朦胧色、过渡色的西装，通常也不宜选择。越是正规的场合，越讲究穿单色的西装。

（3）款式

单排扣的西装上衣（图 2—1—4a），最常见的有一粒纽扣、两粒纽扣、三粒纽扣三种。一粒纽扣、三粒纽扣两种单排扣西装上衣穿起来比较时髦，而两粒纽扣则显得更为正统一些。双排扣的西装上衣（图 2—1—4b），最常见的有两粒纽扣、四粒纽扣、六粒纽扣三种。两粒纽扣、六粒纽扣两种款式的双排扣西装上衣属于流行款式，而四粒纽扣则明显地具有传统风格。

a）

b）

图 2—1—4 西装的款式

a）单排扣的西装上衣 b）双排扣的西装上衣

礼仪提示

（1）西装只有一粒扣子，直接扣好。

（2）西装是单排两粒扣，只扣上面那一颗扣子即可。

（3）西装是单排三粒扣，可以只扣中间那一颗，也可以扣上面的第一颗扣子与第二颗扣子。

（4）如果是双排扣西装，应扣上与内扣对应的外扣；也可以扣上内扣最下面一颗对应的外扣。

（4）尺寸

一套西装，不论其品牌名气有多大，只要它的尺寸不适合自己，就坚决不穿。

（5）穿西装的基本要求

拆除商标，熨烫平整，系好纽扣，不卷不挽，慎穿毛衣，不与 T 恤衫配套，少装东西。

西裤是西装的组成部分，要与上装协调；裤子不得有褶，要有裤线；裤长以裤脚接触脚背最为合适；裤扣要扣好，拉链要拉严。

3. 衬衫的选择

挺括、整洁、无褶皱，单一颜色，最好是白色，无图案为佳；长袖衬衫，无胸袋；大小合身，衣领和胸围要松紧适度；领型的选择兼顾本人脸形、脖长及打的领带结的大小。

穿衬衫时的注意事项（图 2—1—5）：所有衣扣要系好，衬衣领高出西装领口 1～2 厘米，衬衣袖长应比西装袖长 1 厘米左右，衬衣下摆要均匀地掖进裤腰里。

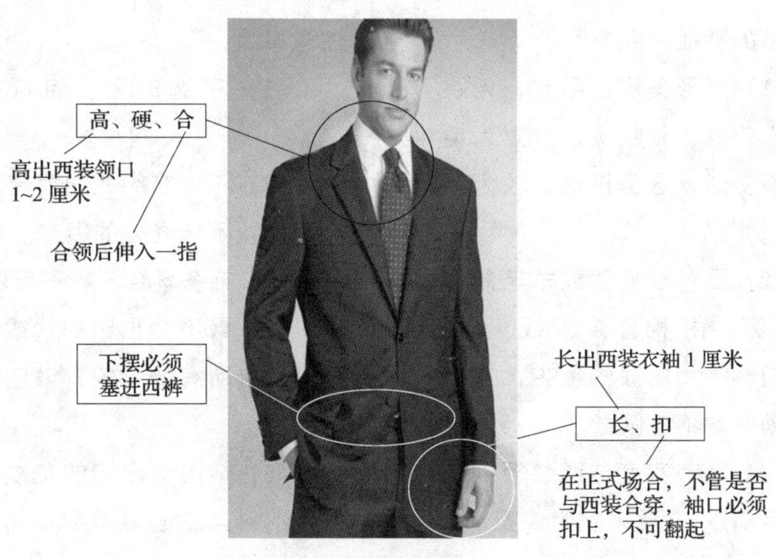

图 2—1—5 穿衬衫时的注意事项

礼仪提示

衬衫内除了背心之外不要再穿其他内衣，如果确实需要再穿一些内衣，内衣的领口和袖口也一定不要露出来。如果天气较冷，衬衣外面还可穿上一件毛衣或毛背心，但毛衣一定要紧身，不要过于宽松。

4. 领带

(1) 领带与衬衫的搭配

领带（图 2—1—6）要外形美观、平整，衬里不变形；面料以真丝、羊毛为佳；领带的颜色不要浅于衬衣颜色，蓝色、灰色、棕色、黑色、紫红色等单色领带是首选；最好是无图案，或以条纹、圆点、方格等规则几何图形为主要图案；领带的宽窄要与本人的胸围和西装上衣的衣领协调。

图 2—1—6 领带

好领带的特征：

(1) 外形美观、平整，无跳丝、无疵点、无线头，衬里为毛料，不变形，悬垂挺括，较为厚重。

(2) 面料以真丝或羊毛制作为最优。由棉、麻、绒、皮、革、塑料等物制成的领带，在商务活动中均不宜佩戴。

(3) 领带宽度与西装领襟一致。目前以10厘米宽为流行。

(4) 以东方人身高而言，领带的长度以140～150厘米最标准。

(5) 打领带时，领带的位置刚好盖在皮带头上面最合适。

注意事项：

(1) 不选时髦、随意的领带。

(2) 不选简约式的领带。

(3) 不选怪异的领带。

(4) 商务场合一般不用领结。

(5) 最不会出错的（或者说基本适合所有场合的）颜色是蓝色。

(6) 最不会出错的花纹是粗或细的斜条纹或者圆点。

(7) 胖人应系宽条纹领带，瘦人应系细条纹领带，否则胖人显胖、瘦人显瘦。

(2) 领带的系法

打领带结的基本要求是：挺括、端正，并且在外观上呈倒三角形。领带结的大小最好与衬衫衣领的大小成正比。要想使之稍有变化，则可在它的下面压出一处小窝或一道小沟来。在正式场合时，要提前收紧领带结。下面列举几种领带的系法。

1) 平结（Plain Knot）。平结（图2—1—7）为最多男士选用的领带打法之一，几乎适用于各种材质的领带。

要诀：领结下方所形成的凹洞需让两边均匀且对称。

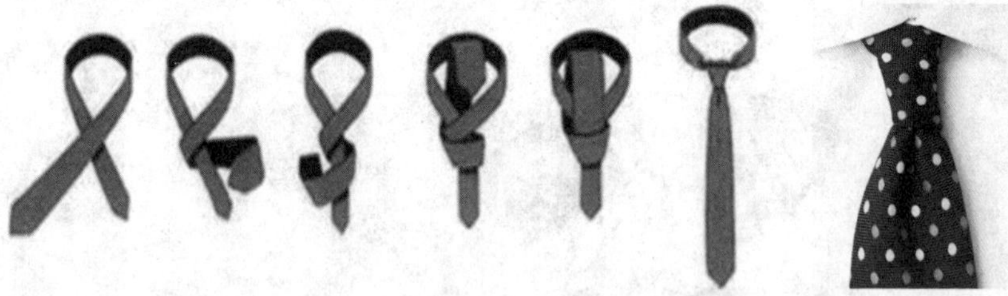

图2—1—7　平结

2) 交叉结（Cross Knot）。这是单色、素雅质料且较薄领带适合选用的领结，对于喜欢展现流行感的男士不妨多加使用交叉结（图2—1—8）。

3) 双环结（Double Knot）。一条质地细致的领带再搭配上双环结（图2—1—9）颇能营造时尚感，适合年轻的上班族选用。该领结的特点是第一圈会稍露出于第二圈之外，不要刻意给盖住了。

图 2—1—8　交叉结

图 2—1—9　双环结

4）双交叉结（Double Cross Knot）。这种领结很容易让人有种高雅且隆重的感觉，适合正式的活动使用，多用在素色且丝质领带上（图 2—1—10）。

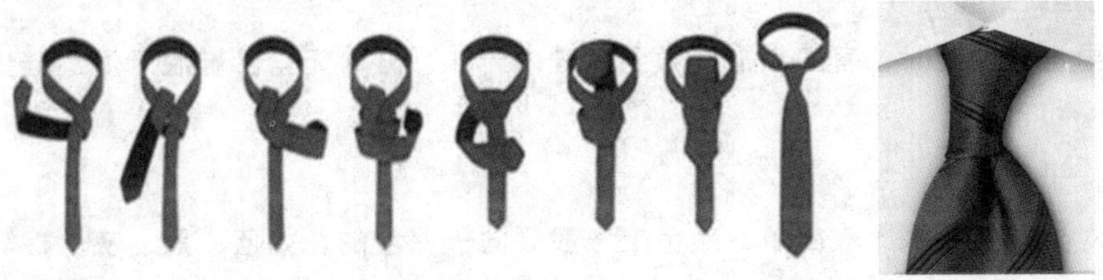

图 2—1—10　双交叉结

5）温莎结（Windsor Knot）。适合用于宽领型的衬衫，该领结多往横向发展，应避免材质过厚的领带，领结也勿打得过大（图 2—1—11）。

图 2—1—11　温莎结

5. 西装、衬衫、领带的搭配

（1）深色西装配白色衬衫（衬衫和西装在色调上要成对比）。

（2）杂色西装配色调相同或相近的衬衫。

(3) 条纹西装不可与方格衬衫相配。

(4) 西装的色调深沉、稳重，领带的颜色可明快些；西装的色调朴实、淡雅，领带则必须华丽而明亮。

(5) 西装与领带的花纹（如条纹）不能重复，相配图案不宜太大。

礼仪提示

(1) 黑色西装，配白色或浅蓝色衬衫，系砖红色、绿色或蓝色调领带。

(2) 中灰色调西装，配白色或浅蓝色衬衫，系蓝色、深玫瑰色、褐色、橙黄色调领带。

(3) 墨绿色调西装，配白色或银灰色衬衫，系银灰色、灰黄色领带。

(4) 乳白色西装，配红色略带黑色、砖红色或黄褐色调领带，衬衫的颜色与领带互补。

6. 鞋袜的穿着

(1) 皮鞋

男士只宜穿黑色或深咖啡色皮鞋。黑色的皮鞋可以与黑色、灰色、藏青色西装相搭配，咖啡色的皮鞋与咖啡色西装相搭配。白色和灰色的皮鞋，只适宜休闲场合穿，不适合正式场合。皮鞋的款式非常多，但正规的商务款式只有一种：黑色，真皮，系带式（最好是三接头系带的），鞋面是亮光或磨砂均可。

商界男士穿皮鞋时，有五点需要做到：鞋内无味、鞋面无尘、鞋底无泥、鞋垫相宜、尺码恰当。

(2) 袜子

袜子对男士的要求比较简单，颜色上一般倾向于深色的，如蓝、黑、灰、棕等。穿西装时，不要穿白色袜子，也不要穿彩袜、花袜或发光、发亮的以及浅色的袜子；袜口不要露出来，如图 2—1—12 所示。

商界男士在穿袜子时，必须遵守三项基本规则：袜子干净、无破洞、合脚。

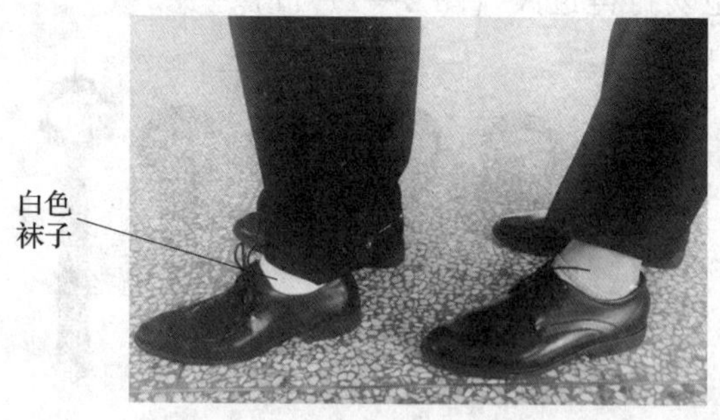

图 2—1—12 错误示范

7. 西装穿着禁忌

(1) 忌西裤过短（图 2—1—13），标准的西裤长度为裤管盖住皮鞋。

(2) 忌衬衫放在西裤外，如图 2—1—14 所示。

图 2—1—13 西裤过短

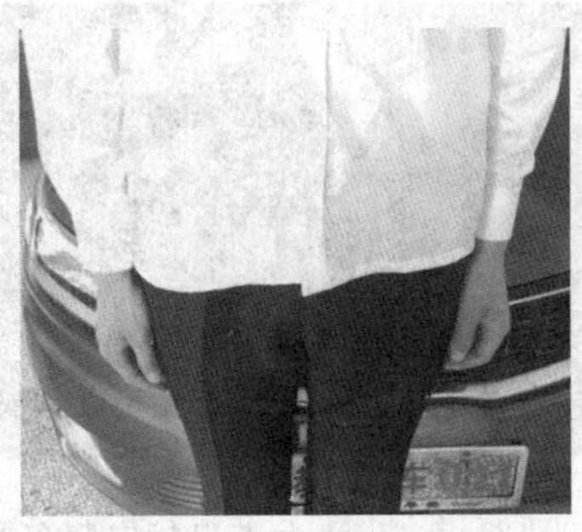

图 2—1—14 衬衫放在西裤外

(3) 忌衬衫领子太大，领脖间存在空隙。

(4) 忌领带颜色刺目。

(5) 忌不系衬衫扣就佩戴领带，如图 2—1—15 所示。

图 2—1—15 不系衬衫扣就佩戴领带

(6) 忌西服上衣袖子过长，应比衬衫袖短 1～2 厘米，如图 2—1—16 所示。

(7) 忌西服上衣、裤口袋内装多余东西，如图 2—1—17 所示。

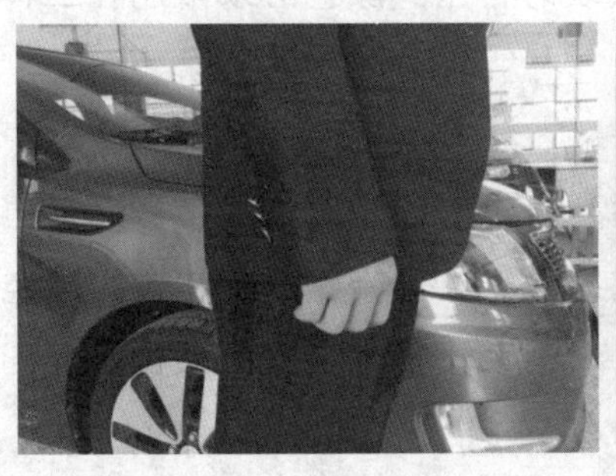

a)

b)

图 2—1—16 西服袖长

a) 上衣袖子过长 b) 正确示范图

(8) 忌西服配运动鞋，如图 2—1—18 所示。

(9) 忌皮鞋和鞋带颜色不协调。

8. 饰物的佩戴

(1) 皮带

皮带色彩与裤子色彩搭配时，可采用同一色、类似色和对比色。一般而言，黑色皮带可以配任何服装。选择一条质量上乘、款式大方、新颖别致的皮带，可以增加男人的风度和气质。

(2) 手表

一般不戴电子表或潜水表、卡通表去参加宴会。

图 2—1—17 上衣口袋内装东西

图 2—1—18 西服配运动鞋

(3) 公文包

公文包被称为商务男士的“移动式办公桌”。公文包的面料以真皮为宜，优选牛皮、羊皮制品。其色彩应为深色、单色，黑色、棕色的公文包是最正统的选择。若是从色彩搭配的角度来说，公文包的颜色若与皮鞋的颜色一致，则看上去十分完美、和谐。

9. 穿西装的总原则

穿着西服对商务人员而言，既体现其身份，也体现其所在单位的规范化程度。因此，穿着西服必须遵守基本的商务交往规范。

(1) 三色原则

三色原则是指男士在正式场合穿着西服套装时，全身颜色必须限制在三种之内，否则就会显得不伦不类，失之于庄重和保守。

(2) 三一定律

三一定律是指男士穿着西服、套装外出时，身上有三个部位的色彩必须协调、统一，这三个部位是指鞋、腰带、公文包。最理想的选择是鞋、腰带、公文包皆为黑色。这三处是白领男士身体上最引人瞩目之处，令其色彩统一，有助于提升自身的品位。

(3) 三大禁忌

1) 袖口上的商标没有拆。

2) 在正式场合穿着夹克并打领带。

3) 在正式场合穿着西服套装时袜子颜色不统一，穿尼龙袜、丝袜和白色袜子。

三、女士着装礼仪

相对于偏稳重、单调的男士着装，女士的着装则亮丽、丰富得多。得体的穿着，不仅可以显得更加美丽，还可以体现出一个现代文明人良好的修养和独到的品位。

1. 女士职业着装四讲究

(1) 整洁、平整

服装并非一定要高档、华贵，但需保持清洁，并熨烫平整，穿起来就能大方得体，显得精神焕发。整洁并不完全是为了自己，更是尊重他人的需要，这是良好仪态的第一要务。

(2) 色彩技巧

不同色彩会给人不同的感受，如深色或冷色调的服装让人产生视觉上的收缩感，显得庄重而严肃；浅色或暖色调的服装会有扩张感，使人显得轻松而活泼。因此，可以根据不同需要进行选择和搭配。

(3) 配套齐全

除了主体衣服之外，鞋、袜和手套等的搭配也要多加考究。如袜子以透明近似肤色或与服装颜色协调为好，带有大花纹的袜子不能登大雅之堂。正式、庄重的场合不宜穿凉鞋或靴子，黑色皮鞋是适用最广的，可以和任何服装相配。

(4) 饰物点缀

巧妙地佩戴饰品能够起到画龙点睛的作用，给女士们增添色彩。但是佩戴的饰品不宜过多，否则会分散对方的注意力。佩戴饰品时，应尽量选择同一色系。佩戴饰品最关键的是要与整体服饰搭配相统一。

2. 女式套装的选择

在现代社会，对于女性，尤其是职业女性来说，着装有着特殊的要求。无论在生活中多么有个性，多么追求新潮、前卫和时尚，一旦到了职业场合，就必须按部就班地依照特有的规定来改变自己的着装风格。须知，不能将职业场合的自己与生活中的自己相混淆，否则留给别人的印象就是不成熟、不稳重。

(1) 职业套装的款式和颜色

正规的女式职业套装是与男式的西装相对应的。女性职业套装由四个部分组成：西服、西裤、衬衫和套裙。当然，这四件套是可以有选择地穿着的，如图 2—1—19 所示。

图 2—1—19　西服、西裤、衬衫和套裙

在职场上，女性如果想要塑造专业权威感强的职业形象，一定要选择具有“权威感”的色彩职业装：

1) 黑色（图 2—1—20）。女性在职场上比男性更适合使用黑色。黑色让女性在展示权威感的同时，又不失时尚感。其“无彩色”特性，易于和各色衬衫、丝巾、首饰互相搭配；在服装面料质量欠佳时，具有最好的掩饰效果。

图 2—1—20　黑色西装

2）深灰色（图 2—1—21）。采用高档面料、制作精良的深灰色套装，最能够体现职业女性严谨、细致、优雅的一面。找到适合自己的深灰色，职业权威感一定会“脱颖而出”。深灰色的服装单品也很容易和其他单品进行搭配和组合。

3）深蓝色（图 2—1—22）。深蓝色是沉稳、冷静、智慧的最佳表现色，相对于黑色来说亲和力更强一些，是塑造专业权威感的基础用色之一。

图 2—1—21　深灰色西装

图 2—1—22　深蓝色西装

4）红色（图 2—1—23）。红色是最热情的权威色，具有很强的吸引力和感染力，最容易让自己成为别人瞩目的焦点。因其具有喜庆意味和强势意味，所以使用时要注意把握分寸。另外，肤色偏暗的人不适合穿着红色。适合暖色的人要穿偏黄的红色，适合冷色的人要穿偏紫的红色等。

5）深咖啡色（图 2—1—24）。深咖啡色最能展示职业女性的成熟感——在这一点上深咖啡色有时甚至会超过黑色。

6）米色（图 2—1—25）。米色是暖色调的一种。这种颜色的套装容易给人轻快、阳光的感觉，而且相对于传统的套装颜色，米色会使人看上去比较有亲和力，肤色偏白的女性穿着米色会显得更加端庄、大方。

图 2—1—23 红色西装

图 2—1—24 深咖啡色西装

图 2—1—25 米色西装

在现代商务环境中，对于套装的颜色要求，可以概括为：颜色庄重，搭配稳重，风格持重。

虽然现在套装的风格已经不再是整齐划一，而是风格多样，也能在不同的场合彰显个性，但是端庄、稳重的原则始终没有变化。颜色过分耀眼、鲜艳，色彩过渡不和谐，过分跳跃，都是职业套装的禁忌。

(2) 衬衫

女式的职业套装并不像男式西服那样一定要搭配衬衫。有时候，一套小西服可以搭配一件吊带衫，而不用衬衫。

但是在有些场合，正规的女式西装是一定要搭配衬衫的。因此，衬衫的选择也至关重要。

1) 质地。从面料上来讲，主要要求轻薄而柔软，所以真丝、麻纱、府绸、罗布、花瑶、涤棉等都可以用作其面料。

2) 颜色。从色彩上来讲，它的要求主要是雅致而端庄，并且不失女性的妩媚。除了作为“基本型”的白色之外，其他各式各样的色彩，包括流行色在内，只要不是过于鲜艳，并且与同时所穿的套裙色彩不相互排斥，均可用作衬衫的色彩。不过，还是要以单色为最佳之选。

同时，还要注意，应使衬衫的色彩与同时所穿的套裙色彩互相搭配，要么外深内浅，要么外浅内深，形成两者之间的深浅对比。

与套裙配套穿着的衬衫上，最好不要图案“繁花似锦”。选择无任何图案的衬衫最为得当。除此之外，顶多可以再选择带有条纹、方格、圆点、碎花或暗花的衬衫。假如同时穿着带有图案的套裙和带有图案的衬衫，应使二者或是外简内繁，或是外繁内简，以变化有致。

3) 款式。女式衬衫的款式很多，其变化多体现在领型、袖管、门襟、轮廓、点缀等方面。应当说明的是，与套裙配套穿的衬衫不必过于精美，领型等细节上也不宜十分新奇与夸张。那些样式极其精美、新奇、夸张的衬衫，其实仅适合于单穿。

而今，有不少不搭配外套而单独穿着的正装衬衫都一改往日正襟危坐的严肃风格，加入了很多流行元素，无论从颜色、款式还是花边点缀（图2—1—26）而言，都体现了职业女性大方、稳重、端庄、得体的职业特性。

图 2—1—26 荷叶边点缀衬衫

但是，如果是作为套装搭配的衬衫，就不能有过多的装饰物了，还是应该以单色为唯一选择。

4）衬衫穿着注意事项

①衬衫的下摆必须掖入裙腰之内（图 2—1—27），不得任其悬垂于外，或是将其在腰间打结。收腰式的短衬衣（图 2—1—28）除外。

图 2—1—27 衬衫的下摆掖入裙腰

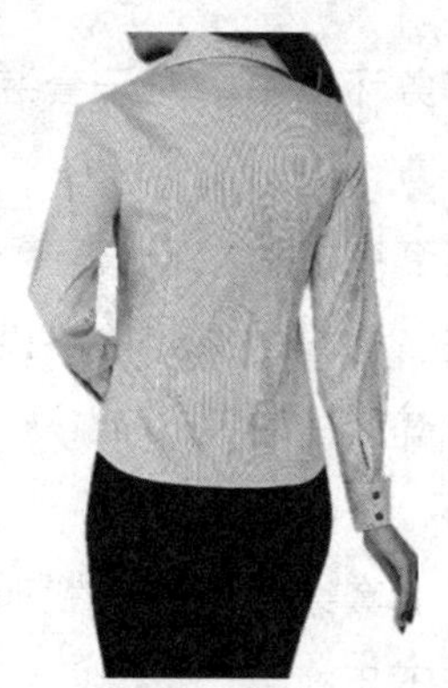
图 2—1—28 收腰式的短衬衣

②衬衫的纽扣要一一系好。除最上端一粒纽扣按惯例允许不系外，其他纽扣均不得随意解开，以免在他人面前显示不雅之态。另外，胸围较大的女性应在胸口处的两粒纽扣之间加缝一粒暗扣，以免走光。

③衬衫在公共场合不宜直接外穿。按照礼貌，不可在外人面前脱下上衣，直接以衬衫面对对方。身穿紧身而透明的衬衫时，须特别牢记这一点。

（3）裤装

正规来说，女式套装的下装应该是裙装。在西方社会，正规的女式职业装一定是以裙装为主的。某些比较传统的人甚至认为，只有裙装才是真正意义上的套装搭配。因此，套装也被称为“套裙”。

但是，在现代社会，裤装也成了与套装搭配的重要“伴侣”。职业女性着裤装也能很好地体现大方、优雅的气质。

另外要注意一点，并不是所有人的身材都适合穿裙装，而裤装的适用范围则要大得多。

1）质地。女式的裤装面料最好与上衣是一致的。如果与上衣并不是成套的，那么面料最好是羊毛精纺的，不仅穿着舒适得体，而且也显得比较上档次。还可以选择麻纱、亚麻、桑蚕丝质地的，夏天穿着会比较透气、凉快。

尽量不要选择化纤材料的，如涤纶等；另外，纯棉质地的也不要选择，因为容易起皱。

2）裤装穿着注意事项

①与正装搭配的裤装一定要是长裤，绝对不能穿着中裤、七分裤或者九分裤。

②长裤的长度以穿上高跟鞋后裤脚能遮住鞋面、露出鞋尖且不触及地面为准。长度不够则会露出丝袜，不够庄重；而长度太长并触及地面了，就会显得邋遢，且行动不便。

③裤形以直筒形为主，可以带微喇，不能是窄腿裤，如图2—1—29所示。

④不能是低腰裤，而应该是中腰，如果是搭配衬衫和外套一起，应该系腰带（皮带）。

（4）套裙

女式套裙无疑是现代职业女性甚为钟爱的服装。套裙为严谨、庄重的职业装点缀上了一抹女性的娇媚和温柔。身着套裙的职场女性总给人以干练、机敏、端庄的印象。裙装是女性的专利，因此，裙装的选择成了众多职场女性争奇斗艳的焦点。

1）颜色。与职业装的特点相一致，裙装的颜色忌过分跳跃、艳丽，应该与衬衫或是上衣的颜色相匹配（注意，并不是一致），而且应该是单一的颜色，不要花哨，不能超过两种不同颜色。

2）质地。一般来说最好是选择不太容易起皱的面料，当然也可以根据个人的爱好和经济实力来选择。最好的质地是精纺羊毛。

3）选择裙装的要点

①颜色与上衣要搭配，可以有一些装饰，但不要过多，不超过两件。

②长度适中，最长不超过小腿中部，最短不短过膝盖上2～10厘米，以膝盖上6厘米左右为最佳，如图2—1—30所示。

图2—1—29 长裤

图2—1—30 最佳长度

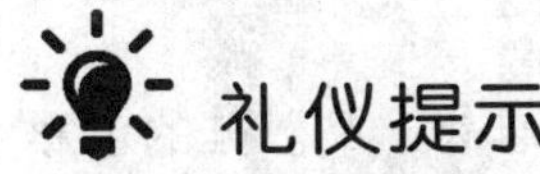

礼仪提示

裙子长短适度，不能过短或过长。标准职业裙装按长度来分有三种：及膝型、过膝型（不能太长）、超短型（不能高于膝盖15厘米）。

4）套裙穿着注意事项

①大小适度。上衣最短可以齐腰，裙子最长可以达到小腿中部，上衣的袖长要盖住手腕。

②认真穿好。要穿得端正。上衣的领子要完全翻好，衣袋的盖子要拉出来盖住衣袋或披、搭在身上；衣扣一律全部系上。不允许部分或全部解开，更不允许当着别人的面随便脱下上衣。

③套裙应当协调妆饰。通常穿着打扮讲究的是着装、化妆和配饰风格统一，相辅相成。穿套裙时，必须维护好个人的形象，所以不能不化妆，但也不能化浓妆。选配饰也要少，合乎身份。

④兼顾举止。套裙最能够体现女性的柔美曲线，这就要求举止优雅，注意个人的仪态等。例如，当穿上套裙后，要站得又稳又正，不可以双腿叉开，站得东倒西歪。就座以后，务必注意姿态，不要双腿分开过大，或是跷起一条腿抖动脚尖；更不可以用脚尖挑鞋直晃，甚至当众脱下鞋。走路时不能大步奔跑，而只能小碎步走，步子要轻而稳。拿自己够不着的东西时可以请他人帮忙，千万不要逞强，尤其是不要踮起脚尖、伸直胳膊费力地去够，或是俯身、探头去拿。

（5）套裙的搭配

1）衬裙。从款式方面来看，衬裙亦须与套裙相配套。大体上来说，衬裙的款式应特别关注线条简单，穿着合身，大小适度三点。它既不能长于外穿的套裙，也不能过于肥大，而将外穿的套裙撑得变形。

穿衬裙时，有两点主要的注意事项：一是衬裙的裙腰切不可高于套裙的裙腰，从而暴露在外。二是应将衬衫下摆掖入衬裙裙腰与套裙裙腰之间，切不可将其掖入衬裙裙腰之内。

2）丝袜。穿套裙时所穿的袜子，可有肉色、黑色、浅灰、浅棕等几种常规选择，宜为单色。多色袜、彩色袜，以及白色、红色、蓝色、绿色、紫色等色彩的袜子，都是不适宜的。

丝袜上不能有图案或是网状丝袜，在有些国家，花哨的丝袜会引起别人的不良误会。

礼仪提示

4S店女士穿套裙，应穿着高筒袜或连裤袜，不能穿短袜。袜子应当完好无损，不能有破洞、脱丝。颜色以肉色、浅灰、浅棕为宜。袜口要没入裙内，不可暴露于外。搭配黑色的高跟、半高跟船式皮鞋或盖式皮鞋。

3）鞋。女士所穿的用以与套裙配套的鞋子宜为皮鞋，并且以牛皮鞋为上品。鞋的色彩有许多特殊的要求；与套裙配套的皮鞋，以黑色最为正统；此外，与套裙色彩一致的皮鞋亦可选择，但是鲜红、明黄、艳绿、浅紫的鞋子则最好不要尝试。

要强调的是，穿套裙时，需注意鞋、袜、裙三者之间的色彩是否协调。一般认为，鞋、裙的色彩必须深于或略同于袜子的色彩。无论是鞋子还是袜子，其图案与装饰均不宜过多，以免“喧宾夺主”。

鞋袜在与套裙搭配穿着时，其款式有一定的规定。与套裙配套的鞋子宜为高跟、半高跟的船式皮鞋或盖式皮鞋，系带式皮鞋、丁字式皮鞋、皮靴、皮凉鞋等都不宜采用。高筒袜与连裤袜是与套裙的标准搭配，中筒袜、低筒袜则绝对不宜与套裙同时穿着。

礼仪提示

穿套裙的女士在穿鞋袜时，其注意事项如下：

(1) 鞋袜应当大小相宜。鞋子大了不跟脚，并且会露出趾缝；袜子大了则会显得松垮，甚至还会往下掉。

(2) 鞋袜应当完好无损。鞋子如果开线、裂缝、掉漆、破残，袜子如果有洞、跳丝，均应立即更换，不要打了补丁再穿。

(3) 鞋袜不可当众脱下。有些女士坐着休息时喜欢脱下鞋子，或是处于半脱鞋状态。还有个别人经常将袜子捋下去一半，甚至当着外人的面脱去袜子。此类做法都是极其有失身份的。

(4) 袜子不可随意乱穿。不允许同时穿两双袜子，也不允许将健美裤、九分裤等裤装当成袜子来穿。

(5) 袜口不可暴露于外。袜口即袜子的上端，将其暴露在外是一种公认的既缺乏服饰品位又失礼的表现，不仅穿套裙时应自觉避免此种情形的发生，而且还应当在穿开衩裙时注意，即使在走动之时，也不应当让袜口偶尔现于裙衩之处。

4）提包。与职业套裙配套的包主要有提包和单肩包两种。

从风格上来说，女士的商务用包风格应该简洁、大方、精致，不应该太大。商务用包不讲究实用功能，而只是作为一种女士套装的装饰品。从质地上来说，牛皮质地的包是最好的选择，看上去不仅有品位，而且比较耐用。从颜色上来说，商务用包颜色不能太过鲜艳，要与套装相匹配，黑色的包是比较百搭的，一般女士都可以备一个。

包上可以有一些低调的花纹、暗纹或格子图案，也不失为庄重的风格。需要注意的是，女士一般除了上下班，在工作中是很少用到提包或单肩包的，所以没有必要随时将包带在身上。

(6) 职业套裙穿着的忌讳

1）裙装三忌讳

①不能穿黑皮裙。与外国人打交道时，尤其是去欧美国家时，穿着黑色皮裙绝对不可以。

②不光腿、光脚，一定要穿上连裤袜。光腿不仅显得不够正式，而且会使自己的某些瑕疵见笑于人。

③不能在裙子下加健美裤，不能穿半截的袜子，弄出三截腿。

2）饰物三不准

①影响工作：戒指。

②炫耀财力：*N* 个戒指。

③性别魅力：胸针，耳环，脚链。

3）戴首饰禁忌

①数量：以少为佳，不多于三种，每种不多于三样。

②同质同色（首饰搭配要求同样质地、同样颜色）：首选白金，再选白银，最后选不锈钢。黄金饰物要慎戴，否则给人以庸俗之感。

③习俗规矩。

4）衣着六忌

①过于鲜艳。

②过于杂乱。

③过于暴露。

④过于透视。

⑤过于短小。

⑥过于紧身。

衣服的样式千万款，只有选择了符合自己风格的服装，并且穿对场合，才能够穿出自己的气质和神韵。更何况在讲究礼仪的社交场合之中，得体的服饰是一种礼貌，给人一个好的印象就意味着好的开始，就是成功的一半，因此，不要让自己输在着装的起跑线上。

§2—2 仪容仪表礼仪

学习目标

- 掌握工作人员对于头发的规范要求。
- 掌握工作人员对于面容的规范要求。
- 掌握4S店工作人员对于着装的规范要求。

相关知识

顾客对销售人员的第一印象中，有80%是来自销售人员的仪容和态度。不管说了什么，如果销售人员仪容不整，顾客就不会想接受服务。随时检查自己的仪容和态度，才能给顾客留下良好的第一印象，才会有更多人欣赏。

仪容是一个人的容貌，包括五官的搭配和适当的发型衬托。就个人整体形象而言，容貌是整个仪表的一个重要环节。由于在社交中，仪容是最先注意到的点，因此，仪容的好坏决定了对方的评价。

仪表是指一个人的外表，它是一个人总体形象的统称，除容貌、发型之外，还包括服饰、身体、姿态等。

下面主要讲解4S店工作人员的仪容仪表规范。

一、仪容仪表的规范——头发

1. 清洁无头屑，无异味，修剪、梳理整齐。女工作人员头发长度以低头时不遮住脸，散发不过肩部为宜；男工作人员可上少量发油，以适度定型及防头屑落下，发脚长度以保持不盖耳部和不触衣领为宜（图2—2—1）。

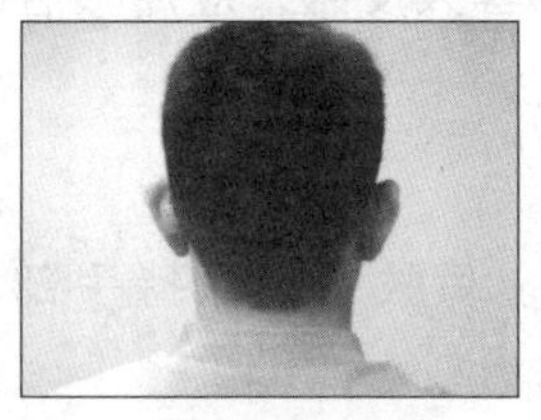
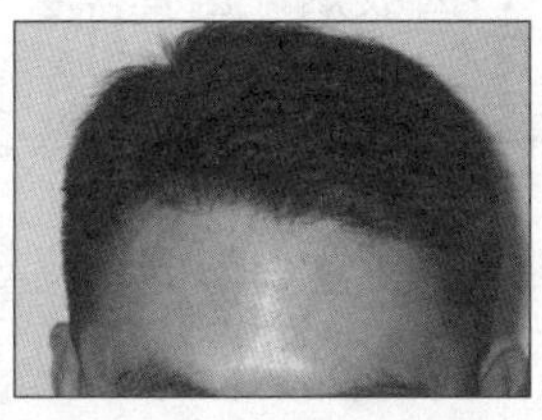
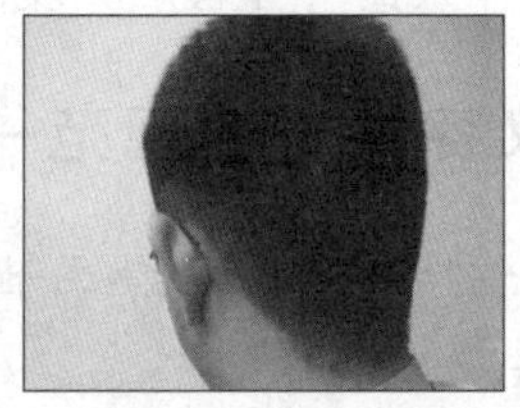

图2—2—1　男工作人员头发

2. 发型应尽量简洁，严禁夸张、怪异发型及染彩色头发。

3. 不可使用香味过重的洗护用品或发油。

4. 负责前台接待的女工作人员，其过颈长发应盘结于脑后（图2—2—2）；男工作人员不可剪短于1.5厘米的平头，更不可剃光头。

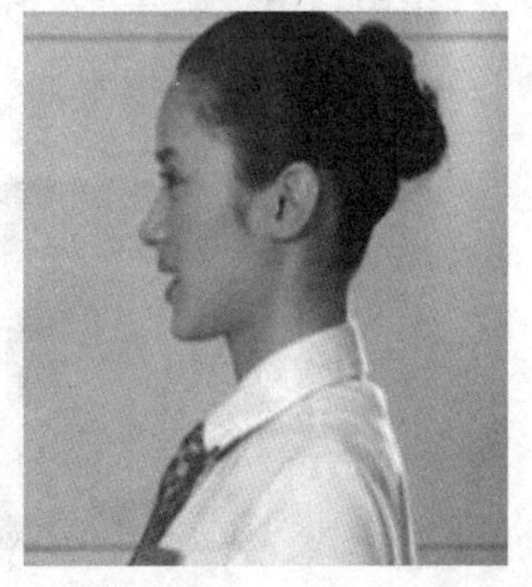

图2—2—2　长发盘结于脑后

二、仪容仪表的规范——面容

1. 保持面部清洁。其中，男工作人员应坚持每日剃须，不留胡须、鬓角。对男工作人员的面容要求如图2—2—3所示。

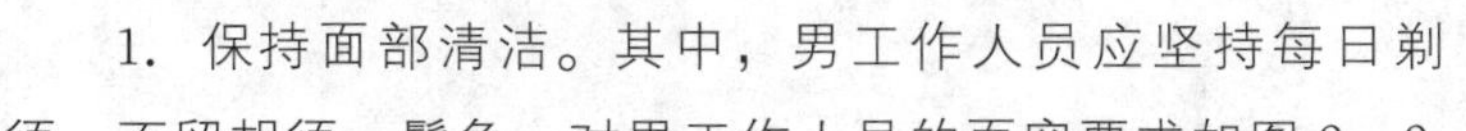

2. 女工作人员上班须化淡妆（图2—2—4），不可浓妆艳抹，部门内部唇膏颜色应统一，使用时要以本人基本唇形为主；男工作人员严禁化妆。

3. 不使用香味过浓的香水、化妆品、须后水及护肤品等。

4. 夏季外出时，应采取防晒措施，避免因暴晒过度，使面部肤色过黑，与工作环境不协调。

三、仪容仪表的规范——嘴

1. 口腔清洁，无异味，齿缝无食物残渣，无口臭。

图 2—2—3　对男工作人员的面容要求

图 2—2—4　上班化淡妆

2. 上班前严禁吃带异味的食品及饮用含酒精的饮料。

3. 男工作人员不可有烟味发出，因吸烟牙齿变黑会令客人反感，应注意洁齿。

四、仪容仪表的规范——手部

1. 双手保持清洁，干燥季节每天早晨或洗手后擦涂润肤霜，保持手部滋润，如图 2—2—5 所示。

2. 指甲前端白色部分不得超过 1 毫米，每天早晨检查，及时修剪，保持清洁。

3. 指甲缝隙保持干净，无脏污，每天早晨检查，及时用牙签清洁指甲缝。

4. 女士不涂有色指甲油，可以涂透明或无色的指甲油。

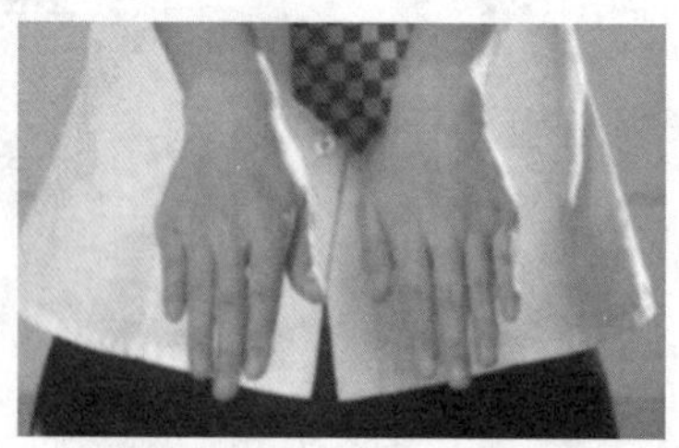

图 2—2—5　手部清洁

五、仪容仪表的规范——着装

1. 女工作人员着装要求（图 2—2—6）

西服：	饰物：
（1）西服应清洁、挺括、完整，无破损、松口或者掉扣。	（1）除结婚戒指外，不佩戴笨重、耀眼或能发出噪声的饰物。
（2）穿着时不可捋起袖子。	（2）不可佩带装饰性强的手表。
（3）衣袋内不可放置过多东西，致使衣袋变形。	（3）戴项链时不可外露。

<table>
<tr>
<td rowspan="2">(4) 内穿T恤衫、棉毛衫等不能外露。
(5) 配有领花的制服，须将领花戴于衬衣领口的正中位置，并扣上每颗纽扣。</td>
<td>(4) 员工遇到红白喜事、个人信仰崇拜等不可将饰物、标记等佩戴于工作场合。</td>
</tr>
<tr>
<td>衬衣：
(1) 保持衣领及袖口整洁、无磨损。
(2) 纽扣齐全、熨烫平整。
(3) 衬衣下摆须塞入裙、裤腰内。</td>
</tr>
<tr>
<td colspan="2">鞋、袜：
(1) 一线销售员工要求穿黑色中跟皮鞋，非销售岗位因现场情况要求须穿黑色布鞋。
(2) 清洁、无破损，皮鞋保持光泽。
(3) 穿裙子必须穿长筒丝袜。
(4) 丝袜颜色以接近肤色为宜。
(5) 丝袜应无破洞或跳丝，衣柜里应随时存放备用丝袜。</td>
</tr>
</table>

图2—2—6 女工作人员着装要求

2. 男工作人员着装要求（图 2—2—7）

衬衣：

（1）制服衬衣一律规定为无纹、纯白衬衣。

（2）衬衣须随时保持洁白、平整，特别是袖口、领口，要求每两天以内更换一次衬衣。

（3）衬衣的衣扣、袖扣、领扣须随时扣好，口袋内不放东西。

（4）衬衣的袖口长出外套 2 厘米左右，领口长出外套部分须与袖口一致，以体现制服的层次感。

（5）衬衣下摆应塞入裤腰内。袖子切不可捋起。

（6）衬衣里面一般不着棉毛衫，因寒冷需穿时，不可将领圈、袖头露在外面，里面的棉毛衫须为白色。

西服：

（1）上岗必须穿规定西服。不可有破洞、褶皱。着装前先用衣刷刷去制服上的灰尘、头皮屑。

（2）随时保持整洁、挺括、纽扣完整，并随时扣好。

（3）西服上衣、裤口袋内不可装多余东西，笔、笔记本、名片、手帕可装于衣服内侧口袋内，以保证制服外形美观。

（4）着西装时，笔不可放于上衣口袋。工作时间西装纽扣必须扣好，单排扣西装只扣上面的纽扣，最下面一颗仅作为装饰。

（5）保持裤子整洁、挺括，裤缝线条清晰，无双道出现。裤子的长短合适，以裤脚接触脚背为宜。

（6）皮带的颜色与鞋的颜色相配为最好，皮带系好后以剩 12 厘米的皮带为宜，宽以 2.5～3 厘米为宜。

（7）名牌属西服的一部分，员工必须将名牌戴于左上方衣袋处。

领带：

（1）系各岗位配发的领带。

（2）领带结须系到领口的中心部位，大箭头盖在小箭头上；以领带末端盖及皮带扣的长度为宜。

（3）若要求使用领带夹，应将领带夹于衬衫的第 4～5 颗纽扣之间。

鞋、袜：

（1）一线员工要求穿黑色皮鞋，部分岗位因现场情况要求须穿黑色布鞋。

（2）要特别注意鞋跟磨偏或发出声响的皮鞋不可穿于岗位上。鞋带要系好，不可松垮，随时保持皮鞋整洁、光亮。

（3）穿其他岗位要求的工作鞋时，必须干净、大小合适、无破洞。

（4）袜子起到衔接裤子与鞋的作用，颜色必须为深色。袜子须每日更换，无臭味发出。

（5）男员工应穿中筒袜子，以防在抬脚时露出皮肤。

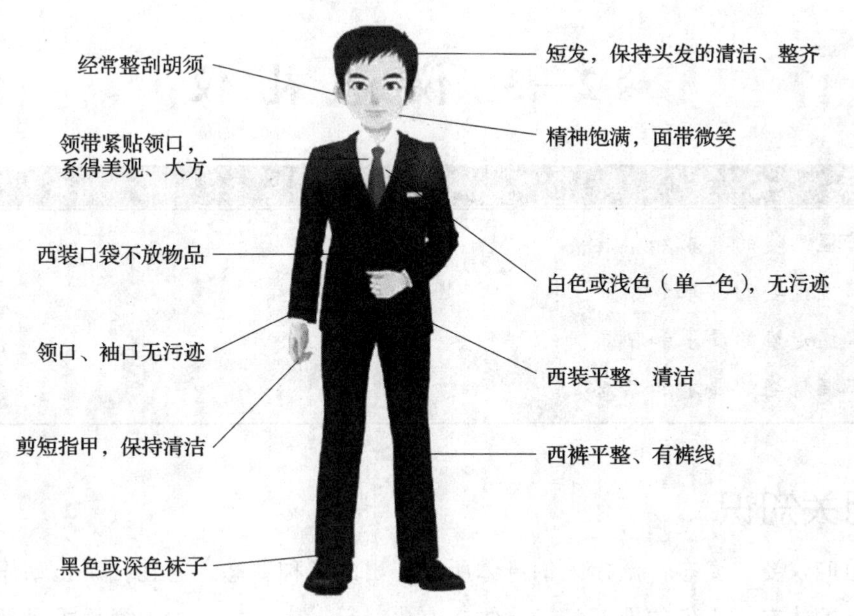

图 2—2—7　男工作人员着装要求

现场演练

学生分成两组，面对面检查对方的仪容仪表是否符合标准（表 2—2—1），给对方打分并予以纠正。

表 2—2—1　　仪容仪表礼仪考核表

考核内容	操作标准	配分	得分
仪容仪表礼仪	男员工：保持清洁、整齐；前发不过眉，后发不过领，发角不过耳；不留胡须 女员工：保持清洁，梳理整齐；前发不遮眉，后发不过肩；头发不得盘于头顶或盘得过大	15	
	男、女员工不准染发，不留怪异发型，必须使用啫喱水固定发型	10	
	手必须经常保持清洁，不留长指甲，不涂有色指甲油	15	
	穿着黑色工作鞋上岗，鞋要保持光亮，无灰尘	10	
	袜子的颜色要求：男性穿深色，女性穿与皮肤颜色相近的肉色裤袜	15	
	员工在当班时不得佩戴手链、手镯、项链、耳环、别花等饰物	15	
	男员工制服：保持清洁、整齐、熨烫挺括；名牌位于胸前左上方，纽扣无脱落；衣裤无开线、破损；袜子为黑色或深蓝表色；根据服装颜色配领带，皮带上不得有装饰物 女员工制服：保持清洁、整齐、熨烫挺括；名牌位于胸前左上方，纽扣无脱落；衣裤无开线、破损。上岗前必须化淡妆	20	
总分		100	

§2—3 仪态礼仪

学习目标

- 掌握站姿的要求和禁忌。
- 掌握坐姿的要求和禁忌。
- 掌握走姿的要求和禁忌。
- 掌握蹲姿的要求和禁忌。

相关知识

仪态也叫仪姿、姿态，泛指人们身体所呈现出的各种姿态，它包括举止动作、神态表情和相对静止的体态。人们的面部表情，体态变化，行、走、站、立，举手投足都可以表达思想感情。仪态是表现一个人涵养的一面镜子，也是构成一个人外在美好的主要因素。

单项任务训练

如果你是某汽车品牌4S店的员工，让你做销售顾问迎接来店顾客，设计此时的站立姿势（在图2—3—1中挑选）。

图2—3—1 站姿

一、站姿

站立是人们生活交往中的一种最基本的举止。

站姿是人静态的造型动作，优美、典雅的站姿是发展人的不同动态美的基础和起点。优美的站姿能显示个人的自信，衬托出美好的气质和风度，并给他人留下美好的印象。

1. 正确的站姿要求（图 2—3—2）

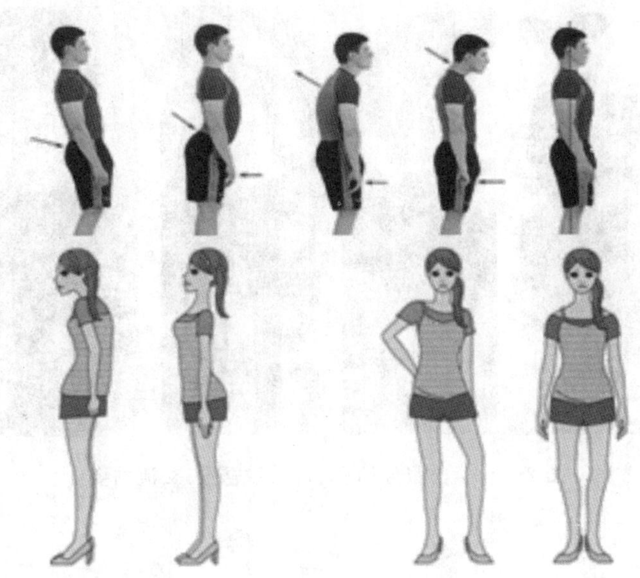

图 2—3—2 正确和错误的站姿

（1）头正。

（2）肩平。

（3）臂垂。

（4）躯挺。

（5）腿并。

（6）身体重心主要支撑于脚掌、脚弓上。

（7）从侧面来看，头部、肩部、上体与下肢应在一条垂直线上。

2. 常见的几种站姿

（1）肃立式（图 2—3—3）

图 2—3—3 肃立式站姿

(2) 服务站姿、礼宾站姿、交流站姿（图 2—3—4）

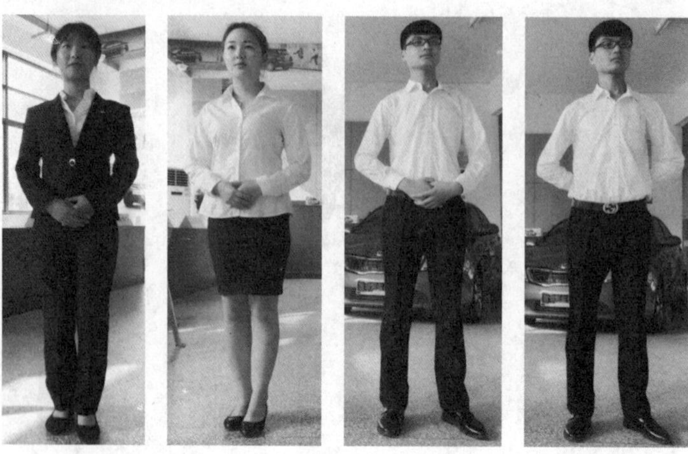

图 2—3—4　服务站姿、礼宾站姿、交流站姿

3. 手位

站立时，双手可取下列手位之一：

(1) 双手置于身体两侧，如图 2—3—5a 所示。

(2) 右手搭在左手上叠放于体前，如图 2—3—5b 所示。

(3) 双手叠放于体后，如图 2—3—5c 所示。

(4) 一手放于体前一手背在体后，如图 2—3—5d 所示。

a)　b)　c)　d)

图 2—3—5　站立时手位

a) 双手置于身体两侧　b) 右手搭在左手上叠放于体前　c) 双手叠放于体后　d) 一手放于体前一手背在体后

4. 脚位

站立时可采取以下几种脚位：

(1) “V” 形，如图 2—3—6a 所示。

(2) 双脚平行分开不超过肩宽，如图 2—3—6b 所示。

(3) 小“丁”字形，如图 2—3—6c 所示。

a）

b）

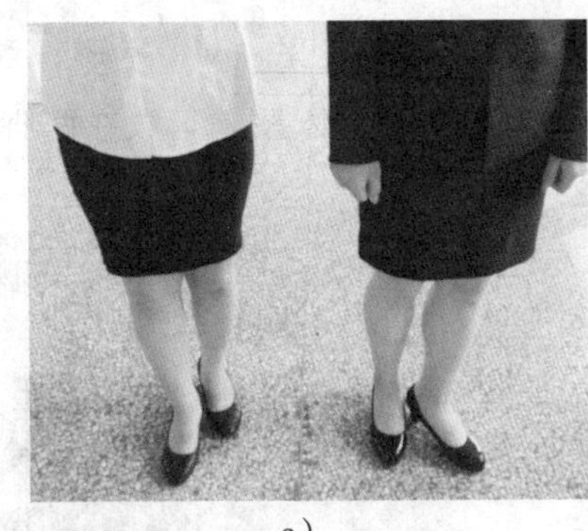
c）

图 2—3—6　站立时的脚位

a）“V”形　b）双脚平行分开不超过肩宽　c）小“丁”字形

5. 男士站姿礼仪要领

（1）身体立直，抬头挺胸，下颌微收，双目平视，嘴角微闭，双手自然垂直于身体两侧，双膝并拢，两腿绷直，脚跟靠紧，脚尖分开呈“V”字形，如图 2—3—7a 所示。

（2）身体立直，抬头挺胸，下颌微收，双目平视，嘴角微闭，双脚平行分开，两脚间距离不超过肩宽，一般以 20 厘米为宜，双手手指自然并拢，右手搭在左手上（或者左手搭在右手上），轻贴于腹部，不要挺腹或后仰，如图 2—3—7b 所示。

（3）身体立直，抬头挺胸，下颌微收，双目平视，嘴角微闭，双脚平行分开，两脚之间距离不超过肩宽，一般以 20 厘米为宜，双手在身后交叉，右手搭在左手上，贴于臀部，如图 2—3—7c 所示。

a）

b）

c）

图 2—3—7　男士站姿

a）站姿 1　b）站姿 2　c）站姿 3

6. 女士站姿礼仪要领

（1）身体立直，抬头挺胸，下颌微收，双目平视，嘴角微闭，面带微笑，双手自然垂直于身体两侧，双膝并拢，两腿绷直，脚跟靠紧，脚尖分开呈“V”字形，如图 2—3—8a 所示。

（2）身体立直，抬头挺胸，下颌微收，双目平视，嘴角微闭，面带微笑，两脚尖略分开，两脚跟并拢，两脚尖呈“V”字形，双手自然并拢，右手搭在左手上（或者左手搭在右手上），轻贴于腹前，身体重心可放在两脚上，也可放在一脚上，并通过重心的移动减轻疲劳，如图2—3—8b所示。

a）

b）

图2—3—8 女士站姿

a）站姿1 b）站姿2

7. 站立注意事项

（1）站立时，切忌东倒西歪，没精打采，懒散地倚靠在墙上、桌子上。

（2）不要低着头、歪着脖子、含胸、端肩、驼背。

（3）不要将身体的重心明显地移到一侧，只用一条腿支撑着身体。

（4）身体不要下意识地做小动作。

（5）在正式场合，不要将手叉在裤袋里面，切忌双手交叉抱在胸前，或是双手叉腰。

（6）男子双脚左右开立时，注意两脚之间的距离不可过大，不要挺腹、翘臀。

（7）不要两腿交叉站立。

图2—3—9所示为一些不雅站姿。

图2—3—9 不雅站姿

8. 站姿的训练方法

(1) 提踵

脚跟提起，头向上顶，身体有被拉长的感觉。注意保持姿态稳定，练习平衡感，训练站立时的挺拔感。

(2) 背靠背

两人一组，背靠背站立：脚跟、腿肚、臀部、双肩和后脑勺贴紧，头顶可顶一本书。

(3) 靠墙练习

身体五点成一线，后脑勺、肩、臀、小腿肚、脚后跟在一条线上（即贴墙）。

现场演练

采用小组赛的形式，一组演练示范，一组纠正。

一组学生进行站姿的展示，一组学生进行动作纠正并打分，然后互换，以此方式规范站姿。明确动作要领后，进行集体站姿训练。站姿训练考核表见表 2—3—1。

表 2—3—1 站姿训练考核表

考核内容	操作标准	配分	得分
肃立式站姿（男女通用）	(1) 身体立直，遵守站姿基本要领 (2) 脚掌分开呈“V”字形，脚跟靠拢，两腿并拢、直立 (3) 双臂放松，自然下垂于体侧，虎口向前，手指自然弯曲	20	
女士前腹式站姿（包括服务、交流、礼宾站姿）	(1) 身体立直，遵守站姿基本要领 (2) 脚掌分开呈“V”字形，脚跟靠拢，两腿并拢、直立 (3) 双臂放松，两手握指交于腹前	20	
	(1) 身体立直，遵守站姿基本要领 (2) 两脚脚尖向外略展开，一脚在前，将一脚跟靠于另一脚内侧前端，形成斜写的一个“丁”字 (3) 双臂放松，两手握指交于腹前	20	
男士交流站姿	(1) 身体立直，遵守站姿基本要领 (2) 两脚打开，略窄于肩宽，两脚平行，身体重心放在两脚上 (3) 左手在腹前握住右手手腕靠近手掌的位置	20	
男士礼宾站姿	(1) 身体立直，遵守站姿基本要领 (2) 两脚打开，略窄于肩宽，两脚平行，身体重心放在两脚上 (3) 双手在背后腰际相握，左手握住右手手腕靠近手掌的位置	20	
总分		100	

二、走姿

走姿是站姿的延续动作，是在站姿的基础上展示人的动态美。无论是在日常生活中还是在社交场合，正确的走姿是一种动态美，往往是最引人注目的身体语言，也最能表现一个人的风度和活力。

1. 规范走姿（图 2—3—10）

走姿礼仪要领：
面带微笑，
目视前方，
步伐从容，
步态平稳，
步幅适中，
步速均匀。

图 2—3—10　规范走姿

（1）在保持标准站姿的基础上，重心略微前倾。

（2）两臂自然前后摆动。

（3）两脚的内侧落地时，正确的行走线迹是一条直线。

（4）步频、步幅要适中。

2. 行走时注意事项

（1）走路时不要大甩手，扭腰摆臀，左顾右盼，或歪肩晃膀，或弯腰驼背。

（2）切忌走成外八字或内八字，双腿不要过于弯曲，不要上下颤动。

3. 服务工作中的几种基本走姿（表 2—3—2）

表 2—3—2　服务工作中的几种基本走姿

走姿类型	操作标准	基本要求
陪同客人的走姿	同标准走姿要求。引领客人时，位于客人侧前方 2～3 步，按照客人的速度前进；不需要引领客人前进时，只需用手势指引方向，招呼客人	走姿的要求是“行如风”，即走起来要像风一样轻盈。方向明确，抬头，不晃肩、摇头，两臂摆动自然
与服务人员同行的走姿	同标准走姿要求。不可并肩同行，不可嬉戏、打闹，不可闲聊	

续表

走姿类型	操作标准	基本要求
与客人反向而行的走姿	同标准走姿要求。接近客人时，应放慢速度；与客人交会时，应暂停行进，空间小的地方要侧身，让客人通过后再前进	两腿直而不僵，步伐从容，步态平稳，步幅适中、均匀，两脚落地成两条直线
与客人同向而行的走姿	同标准走姿要求。尽量不超过客人；实在必须超过，要先道歉后超越，再道谢	

现场演练

采用抽签的形式进行走姿的展示。

抽到学号的学生跟着音乐走秀，教师根据考核表（表 2—3—3）进行相应打分。

表 2—3—3　　走姿训练考核表

考核内容	操作标准	配分	得分
身体姿态	后背正直，挺胸，双肩平齐、舒展；收腹、提臀、立腰；两眼平视前方，嘴角上扬，面带微笑	40	
跨步均匀度	前脚的脚跟距离后脚的脚尖应为一脚长，步速要均匀、稳定，一般每分钟 100～120 步较适宜	20	
手位摆动的情况	两臂以肩为轴，大臂带动小臂，前后自然摆动，摆动幅度不超过 30°，手自然半握拳，两手手心相对	20	
音乐配合	根据音乐情景变换步态	10	
手脚配合	身体与手脚的协调配合	10	
总分		100	

三、坐姿

坐姿文雅、端庄，不仅给人以沉着、稳重、冷静的感觉，而且也是展现自己气质与修养的重要形式。

1. 正确的坐姿要求（图 2—3—11）

（1）入座时要轻、稳。

（2）入座后上体自然挺直，挺胸，双膝自然并拢，双腿自然弯曲，双肩平齐、放松，双臂自然弯曲，双手自然放在双腿上或椅子、沙发扶手上，掌心向下。

（3）头正，嘴角微闭，下颌微收，双目平视，面容平和、自然。

（4）坐在椅子上，应坐满椅子的 2/3，脊背轻靠椅背。

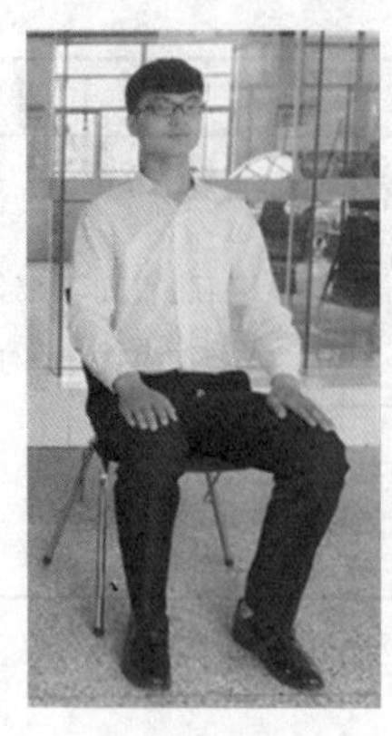

a)　　b)

图 2—3—11　正确坐姿

a）男士正确坐姿　b）女士正确坐姿

（5）离座时，要自然、稳当。

男士坐姿礼仪要领：

头部端正、面带微笑，
双目平视、腰背挺直，
双膝分开与肩同宽，
坐椅子的三分之二。

女士坐姿礼仪要领：

头部端正、面带微笑，
双目平视、腰背挺直，
坐下时双膝要并拢，
坐椅子的三分之二。

2. 双手的放置方法（图 2—3—12）

坐时，双手可采取下列手位之一：

（1）双手平放在双膝上。

（2）双手叠放，放在一条腿的中前部。

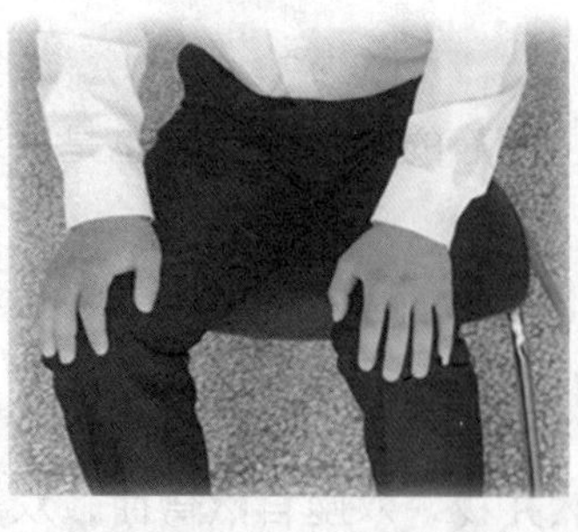

a)　　b)

图 2—3—12　双手的放置方法

a）双手平放在双膝上　b）双手叠放

3. 双腿的放置方法（图 2—3—13）

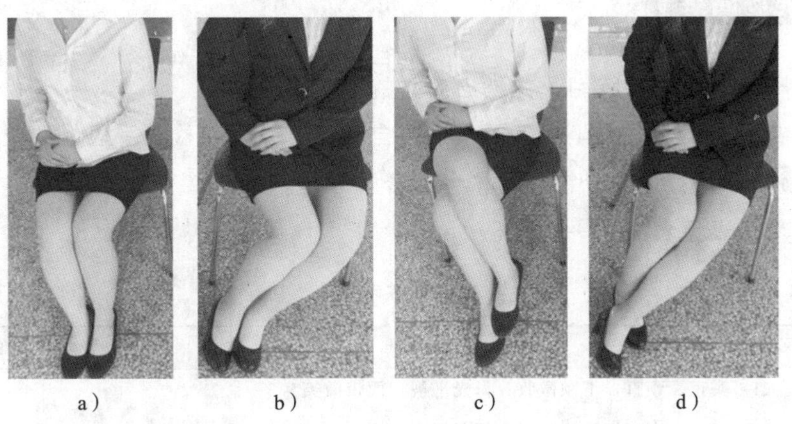

a） b） c） d）

图 2—3—13 双腿的放置方法

a）标准式 b）侧腿式 c）重叠式 d）前交叉式

4. 坐的注意事项

(1) 坐时不可前倾后仰，或歪歪扭扭。

(2) 双腿不可过于叉开，或直接伸出。

(3) 坐下后不可随意挪动椅子。

(4) 不可将大腿并拢，小腿分开，或双手放于臀部下面。

(5) 不可高架“二郎腿”或“4”字形腿。

(6) 腿、脚不可不停抖动。

(7) 不要猛坐、猛起。

图 2—3—14 所示为一些不雅坐姿。

图 2—3—14 不雅坐姿

现场演练

(1) 两人一组，面对面练习，并指出对方的不足。

(2) 坐在镜子前面，按照坐姿的要求进行自我纠正，重点检查手位、腿位、脚位。

(3) 每次训练时间为 20 分钟左右，可配音乐进行。

坐姿训练考核表见表 2—3—4。

表 2—3—4　　坐姿训练考核表

考核内容	操作标准	配分	得分
女士基本坐姿	(1) 头正、颈直，下颌微收，目光平视，面带微笑 (2) 身体正直，挺胸、收腹，腰背挺直 (3) 双腿并拢，双膝和双脚脚跟并拢，小腿与地面垂直 (4) 双肩平齐且放松下沉，双臂自然弯曲并内收 (5) 双手呈握手式，右手在上，左手在下，手指自然弯曲放于腹前双腿上	50	
女士侧腿坐姿	在基本坐姿的基础上，右（左）脚向右（左）平移一步，左（右）脚向右（左）移，靠于右（左）脚，脚掌着地，双腿靠拢并斜放	10	
女士叠放坐姿	在基本坐姿的基础上，左（右）小腿起支撑作用，右（左）腿交叠于左（右）腿上，脚尖下压；交叠的两小腿紧靠并呈一条直线	10	
女士前交叉式坐姿	在基本坐姿的基础上，左（右）小腿向前伸出一脚，右（左）小腿跟上；右（左）小腿交叉于左（右）小腿后侧，双脚后收，两脚掌着地	10	
男士基本坐姿	(1) 在女士基本坐姿的基础上，两腿分开，两脚间的距离不得超过肩宽 (2) 两小腿垂直于地面，两膝分开，两手平放于双腿之上	10	
男士架立式坐姿	在基本坐姿的基础上，将右（左）腿架在左（右）腿上，脚尖下压，两手左右交叉放于右（左）腿上	10	
总分		100	

四、蹲姿

蹲姿在工作和生活中用得相对不多，但最容易出错。人们在拿取低处的物品或拾起落在地上的东西时，不妨使用下蹲和屈膝的动作，这样可以避免弯曲上身和撅起臀部，尤其是着裙装的女士下蹲时，稍不注意就会露出内衣，很不雅观。

1. 基本蹲姿要求（图 2—3—15）

(1) 下蹲拾物时，应自然、得体、大方，不遮遮掩掩。

(2) 下蹲时，两腿合力支撑身体，避免滑倒。

(3) 下蹲时，应使头、胸、膝关节在一个角度上，使蹲姿优美。

(4) 女士不论采用哪种蹲姿，都要将腿靠紧，臀部向下。

a）

b）

图 2—3—15 男、女士蹲姿

a）女士蹲姿 b）男士蹲姿

女士蹲姿礼仪要领：

保持与客户适中的距离，
上身挺直，双膝并拢，
两腿一高一低，侧对客户，
靠近客户一侧的腿为高腿位。

男士蹲姿礼仪要领：

双脚前后，
半步蹲下，
双膝分开，
一高一低，
上体挺立。

2. 常见的两种蹲姿

(1) 交叉式蹲姿（图 2—3—16）

交叉式蹲姿通常适用于女性，尤其是穿短裙的人员，它的特点是造型优美、典雅。其基本特征是蹲下后两腿交叉在一起。

这种蹲姿的要求是：下蹲时，右脚在前，左脚在后，右小腿垂直于地面，全脚着地，右腿在上，左腿在下，二者交叉重叠；左膝由后下方伸向右侧，左脚跟抬起，并且脚掌着地；两脚前后靠近，合力支撑身体；上身略向前倾，臀部朝下。

图 2—3—16 交叉式蹲姿

(2) 高低式蹲姿（图 2—3—17）

男性在选用这一姿势时往往更为方便，当然女士也可选用这种蹲姿。

这种蹲姿的要求是：下蹲时，双腿不并排在一起，而是一脚在前，应完全着地，小腿垂直于地面；一脚稍后，应脚掌着地，脚跟提起。此刻一膝低于另一膝，形成一膝高一膝低的姿态，臀部向下。男士双腿可适度分开，女士应侧身并双腿靠紧。

3. 蹲姿禁忌

(1) 弯腰捡拾物品时，两腿叉开，臀部向后撅起（图 2—3—18）。两腿展开平衡下蹲，其姿态也不优雅。

图 2—3—17　高低式蹲姿

图 2—3—18　不雅姿态

(2) 下蹲时注意内衣不可外露，且不透。

4. 蹲姿注意事项

(1) 不要突然下蹲；蹲下的时候，不要速度过快。在行进过程中需要下蹲时，要特别注意这一点。

(2) 不要离人太近。在下蹲时，应和身边的人保持一定距离。和他人同时下蹲时，更不能忽视双方的距离，以防彼此“迎头相撞”或发生其他误会。

(3) 不要方位失当。在他人身边下蹲时，最好是和他人侧身相向。正面他人，或者背对他人下蹲，通常都是不礼貌的。

(4) 不要毫无遮掩。在大庭广众面前，尤其是身着裙装的女士，一定要避免下身毫无遮掩的情况，特别是要防止大腿叉开。

(5) 不要蹲在凳子或椅子上。有些人有蹲在凳子或椅子上的生活习惯，但是在公共场合这种做法是不能被接受的。

礼仪提示

蹲姿三要点：迅速、美观、大方。若用右手捡东西，可以先走到东西的左边，右脚向后退半步后再蹲下来。脊背保持挺直，臀部一定要向下，避免弯腰、翘臀的姿势。男士两腿间可留有适当的缝隙，女士则要两腿并紧，穿旗袍或短裙时需更加留意，以免尴尬。

现场演练

(1) 蹲下训练

身体直立，男生脚前后站立，迅速蹲下；女生丁字步站立，捋裙后优雅蹲下。

(2) 起身训练

身体直立，然后并脚，起身。

(3) 蹲式拾捡训练

蹲下后，右手放于左大腿上，左手自然下垂拾捡物件，起身。

在练习动作的同时，注意体会技术要领。蹲姿训练考核表见表 2—3—5。

表 2—3—5　　蹲姿训练考核表

考核内容	操作标准	配分	得分
蹲姿标准	下蹲时，双腿并不排在一起，而是左脚向前跨一脚位，右脚保持不动	20	
	下蹲后，右膝几乎接近地面，左大腿与地面保持水平，此时右膝低于左膝，右膝内侧靠拢左腿内侧	20	
	自然挺胸，上体正直，上身前倾，两肩稍倾	20	
	头朝向地上物体，脸部微笑，下颌微收，双眼凝视物件	20	
	在服务中，左手自然下垂拾捡物件，右手放于左大腿上	20	
总分		100	

五、引领与指引

1. 引导位置

引导人员站在来宾的左前方，距离来宾 0.5～1.5 米（社交距离），传达“以右为尊、以客为尊”的理念。来宾人数越多，引导的距离也应越远，以免照顾不周。

2. 引导手势

在引导时，大多使用“前摆式”手势（图 2—3—19）。四指并拢，拇指靠向食指，手掌伸直，由身体一侧自下而上抬起，以肩关节为轴，到腰的高度再向身前左方或右方摆去，手臂摆到距离身体 15 厘米，并不超过躯干的位置停止。目视来宾，面带微笑。

图 2—3—19　引导手势

常见手势的运用见表 2—3—6。

表 2—3—6 常见手势的运用

手势	要求
表示请的手势（低位手）	身体向前倾，略弯腰，右手随身体自然前伸，高度不超过胯骨
表示方向的手势（中位手）	身体向前倾，略弯腰，右手随身体自然前伸，高度不超过肩膀
表示介绍的手势（中位手）	右手肘关节自然弯曲，手的高度以胸前为宜。讲到被介绍人的名字时，手要自然地指向被介绍者
表示请坐的手势（前位手）	身体略向前倾，手臂自然前伸

3. 引导语言

（1）要有明确而规范的引导语，多用敬语“您好”“请”，以表达对来宾的尊重。引路时要注意向客人适当地做些介绍。

（2）作用：问候、提醒，确保来宾心情舒畅并且能安全到达目的地。

4. 4S 店前台接待人员迎送客人

步骤	行动	语言
迎送客人	迎客： （1）站姿端庄，面露亲切、友善的微笑，态度从容。有客人到来，即迎上前鞠躬问好，重要节日要说节日快乐（如中秋、春节、圣诞等）。问好时与客人有眼神接触，如熟客则直接称呼姓氏或职务。 （2）引领客人入座，步伐不快不慢，略走在客人前面一步，且随时留意客人是否跟上。客人手上物品要帮忙提拿（手提包除外）。 （3）引领途中，提示客人小心梯级或其他可能发生碰撞的地方，凡遇转弯处要用手势指引；如有老人、小孩或抱孩子的女士，在上、下梯级时要趋近扶助，在引领客人途中询问客人相关资料（若为熟客，可不用询问）。 （4）在引领客人过程中尽量寻找话题与客人轻松交谈（交谈期间注意分寸，避免问及隐私内容）。	晚上好/中午好，欢迎光临！请问您是来看车还是做保养？ 这边请，您的东西我来帮您拿好吗？ 前面手扶电梯，请当心！ 先生/女士，请问您贵姓？/经常见到您，不知您怎么称呼？ 先生/女士，很久不见您来了，最近很忙？

步骤	行动	语言
迎送客人	（5）引领客人到桌边时要拉开椅子请客人入座，随即销售人员介绍客人，并记录客人姓氏和人数。	请坐！这位是×先生。 ×先生，您请稍坐一会儿！
	送客： （1）送客与迎客一样重要，而且更能体现出对客人的尊重和礼貌。见到客人离开，即上前表示谢意；如果是认识的顾客，应能称呼其职位或姓氏，欢迎其下次光临。 （2）送客应略后客人半步，送客到大门口或电梯口，需要时送顾客上车。 （3）送客过程中要询问客人对于当天的服务是否满意，态度一定要诚恳，如客人有投诉，一定要问清是什么问题，或是服务中有何差错、不周到，或令客人不舒服的地方，并随即表示歉意；事后一定要详细报告给经理。	谢谢光临！再见！/欢迎下次再来！×先生再见！ 十分对不起，我一定会将此事转告经理，加以改善，希望您下次光临时会满意！谢谢！再见！

现场演练

每组选两人，一人引领，一人演顾客。引领礼仪考核表见表2—3—7。

表2—3—7　　引领礼仪考核表

考核内容	操作标准	配分	得分
引领礼仪	四指并拢，拇指伸开，掌心向前，整个手臂略弯曲，弧度以140°为宜，注意整个手臂不可完全伸直，也不可呈90°角	25	
	一只手以肘关节为轴，上臂带动前臂，由体侧自下而上将手臂抬起，另一只手自然背于背后	25	
	身体微前倾，头略转向手势指示方向，面向客人，面带微笑，目视来宾	25	
	致问候语："您好，这边请！"	25	
总分		100	

第三章　商务接待礼仪

§3—1　称呼礼仪

学习目标

- 了解商务礼仪中称呼的作用。
- 熟悉工作中的称呼方式。
- 能将称呼礼仪应用于生活中。

相关知识

称呼是人与人在交往中使用的称谓和呼语，用以指代某人或引起某人注意，是表达人的不同思想感情的重要手段。

在汽车销售过程中，如何称呼对方，将直接关系到双方亲疏关系的建立。一个得体的称呼会令彼此如沐春风，为以后的交往打下良好的基础，否则，会令对方心里不悦，影响到彼此的关系。

一、常用的称呼

1. 社交、工作场合中常用的称呼

在工作岗位上，人们彼此之间的称呼具有特殊性。它的总体要求是庄重、正式、规范。

(1) 职务性称呼就高不就低

一般在较为正式的官方活动、政府活动、公司活动、学术性活动中使用，以示身份有别，敬意有加，而且要就高不就低。这种称呼，具体来说分三种情况：

1) 只称职务，如董事长、总经理等。

2) 职务前加姓氏，如王总经理、张主任、刘校长等。

3) 职务前加姓名，适合于极为正式的场合，如××市长等。

(2) 职称性称呼

对于有专业技术职称的人，可用职称相称。

1) 仅称职称，如教授、律师、工程师等。

2) 在职称前加姓氏，如龙主编、常律师、叶工程师。

3) 在职称前加姓名（适合于正式的场合），如××教授、××研究员等。

(3) 学衔性称呼

这种称呼增加了被称者的权威性，同时有助于增加现场的学术气氛。通常有四种情况:

1) 仅称学衔，如博士。

2) 加姓氏，如刘博士。

3) 加姓名，如刘选博士。

4) 将学衔具体化，说明其所属学科，并在后面加上姓名，如法学博士刘选，这种称呼最正式。

(4) 行业性称呼

在工作中，按行业称呼，可以直接以职业作为称呼，如老师、教练、会计、医生等。在一般情况下，此类称呼前均可加上姓氏或者姓名，如刘老师、于教练、王会计等。

(5) 泛尊称

泛尊称就是对社会各界人士在一般较为广泛的社交中，都可以使用的称呼，如小姐、女士、夫人、太太等。未婚者称“小姐”，已婚者或不明其婚否称“女士”，男的称“先生”，不分男女称“同志”。

2. 生活中的称呼

生活中的称呼应当亲切、自然、准确、合理。

(1) 对亲属的称呼

1) 对自己亲属的称呼，如图 3—1—1 所示。

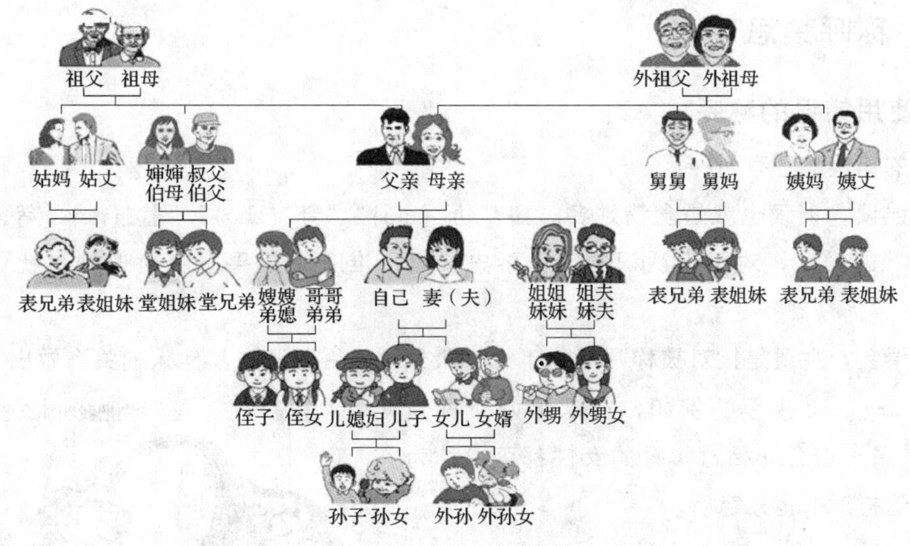

图 3—1—1　亲戚的称呼

2) 与外人交谈时，对自己亲属的称呼，应采用谦称。

3) 对他人亲属的称呼，要采用敬称。

(2) 对朋友、熟人的称呼

1) 敬称。对任何朋友、熟人，都可以用人称代词“你”“您”相称。对长辈、平辈，可称其为“您”；对晚辈，可称其为“你”。对有身份的人或年纪大的人，应称“先生”。对文艺界、教育界以及有成就、有身份的人，称“老师”。对德高望重的人，称“公”或“老”，如“秦公”“谢老”。被尊称的人名字是双名，将双名中的头一个字加在“老”之前，如称周培公先生为“培老”。

2）姓名的称呼。平辈的朋友、熟人，彼此之间可以直呼其姓名，如“王迎”“李香”；长辈对晚辈也可以这样做，但晚辈对长辈却不能这样。为表示亲切，可免呼其名，在被呼者的姓前加上“老”“大”或“小”字相称，如“老马”“大李”“小杜”。

对关系极为亲密的同性朋友、熟人，可不称其姓，直呼其名，如“晓龙”等；但不可对异性这样称呼，只有其家人或恋人才允许这样称呼。

3）亲近的称呼。对于邻居、至交，可用令人感到信任、亲切的称呼，如“爷爷”“奶奶”“大爷”“大妈”“叔叔”“阿姨”等类似血缘关系的称呼，也可以在这类称呼前加上姓氏，如“毛爷爷”等。

（3）对一般（普通）人的称呼

对一面之交、关系普通的人，可视情况采取下列称呼，如同志、先生、女士、小姐、夫人、太太等。

3. 外交中的称呼

国际交往中，因为国情、民族、宗教、文化背景的不同，称呼就显得千差万别。一是要掌握一般性规律，二是要注意国别差异。

二、称呼禁忌

1. 使用错误的称呼

常见的错误称呼有两种：

（1）误读，误读也就是念错姓名。如“仇（qiú）”“查（zhā）”“盖（gě）”等。为了避免这种情况的发生，对于不认识的字，事先要有所准备；如果是临时遇到，就要谦虚请教。

（2）误会，主要是指对被称呼者的年纪、辈分、婚否以及与其他人的关系做出了错误判断，如图 3—1—2 所示。例如，将未婚妇女称为“夫人”就属于误会。相对年轻的女性都可以称为“小姐”，这样对方也乐意听。

图 3—1—2 错误的称呼

2. 使用过时的称呼

有些称呼具有一定的时效性，一旦时过境迁，若再采用，难免贻笑大方。在我国古代，对官员称为“老爷”“大人”，若将它们全盘照搬进现代生活中，就会显得滑稽、可笑，不伦不类。

3. 使用不通行的称呼

有些称呼具有一定的地域性，例如，北京人爱称人为“师傅”，山东人爱称人为“伙计”，中国人把配偶、孩子经常称为“爱人”“小鬼”。但是，在南方人听来，“师傅”等于“出家人”，“伙计”肯定是“打工仔”。所以做称呼使用时一定要考虑地域性，否则就会“南辕北辙”，产生误会。

4. 使用庸俗、低级的称呼

在人际交往中，在正式场合切勿使用“哥们儿”“姐们儿”“死党”“铁哥们儿”等称呼。

5. 用绰号作为称呼

对于关系一般者，切勿自作主张给对方起绰号，更不能随意以道听途说来的对方的绰号去称呼对方。另外还要注意，不要随便拿别人的姓名乱开玩笑。要尊重一个人，必须首先学会尊重他的姓名。在人际交往中，一定要牢记。

现场演练

各小组成员进行情景模式和角色扮演，将称呼礼仪所学知识进行练习与巩固。

1. 情景一：汽车销售

汽车销售角色扮演见表3—1—1。

表3—1—1 汽车销售角色扮演

姓名	角色1	评价	角色2	评价

2. 情景二：汽车4S店开会现场

汽车4S店开会现场角色扮演见表3—1—2。

表3—1—2 汽车4S店开会现场角色扮演

姓名	角色1	评价	角色2	评价

§3—2 介绍礼仪

学习目标

- 了解介绍礼仪应把握的原则、顺序、时机和分寸。
- 了解介绍时的措辞和神态。
- 能根据实际情况及时、准确地为他人做介绍及自我介绍。

相关知识

介绍是社交活动和人际交往中与他人进行沟通、增进相互了解、建立联系的一种基本方式。学会介绍自己和他人，是社交的一项基本功。

在社交场合中，恰如其分的介绍，既可以扩大自己的交际圈，广交朋友，迅速拉近人与人之间的距离，又有利于在人际交往中消除误会，减少麻烦，同时也显示出自己的礼仪修养。

介绍主要有自我介绍、他人介绍和集体介绍三种形式。

一、自我介绍

1. 自我介绍的情景

自我介绍是一门学问，意在向他人说明自己的具体情况。下述三种情况必须做自我介绍：

(1) 想了解对方的情况。所谓“将欲取之，必先予之”“来而不往非礼也”。

(2) 想让对方了解自己的情况。

以上两种是主动型的自我介绍。

(3) 被动型的自我介绍。被动型的自我介绍是指在社交活动中，应其他人的要求，将自己某些方面的具体情况进行一番自我介绍。在自我介绍时应仪态大方，表情亲切，选准机会，把握分寸，内容要准确、恰当。

2. 自我介绍的模式

自我介绍内容的组织有其讲究。在一般情况下，自我介绍可以分为以下三种模式：

(1) 寒暄式。寒暄式又叫应酬式，是不得不做介绍，但是又不想跟对方深交之时所做的自我介绍。

(2) 公务式。它是在工作之中、在正式场合做的自我介绍。一般而论，公务式自我介绍需要包括四个基本要素：一是单位，二是部门，三是职务，四是姓名。

(3) 社交式。社交式自我介绍一般包括：一是自己的姓名，二是自己的职业，三是自己的籍贯，四是自己的爱好，五是自己与交往对象双方所共同认识的人。

3. 自我介绍的注意事项

(1) 应在对方有时间、情绪较好又有兴趣时进行自我介绍。当发现对方没有结识兴趣时，应及时停止介绍，以免使对方反感，得到负面效果。

(2) 应主动打招呼问好，然后说出自己的姓名、身份；也可以一边与对方握手，一边做自我介绍；还可以利用名片、介绍信加以辅助。

(3) 态度应亲切、自然，且友善、随和。

(4) 应做到简约、得体，切忌啰唆。

(5) 应实事求是，不可自吹自擂，夸大其词。

(6) 自我介绍内容要有组织。

二、他人介绍

他人介绍，又称第三者介绍，通常是为彼此不认识的双方相互进行引见，或把一个人引见给其他人的一种介绍方式。

他人介绍应注意以下细节：

1. 在介绍之前，应先征得被介绍者同意；尤其是将女士介绍给男士时，应先征得女士的同意后再介绍。在被询问是否有意认识对方时，一般不应拒绝，而应欣然应允。实在不愿意让别人介绍时，则应说明理由。

2. 在介绍时，应先向被介绍的双方打招呼，双方应起身或欠身，以表示相互尊重。介绍后，双方应趋前主动伸手与对方握手，可寒暄几句，还可以相互交换名片。

3. 介绍时，应简要说明被介绍人所在单位、职务、业务范围等有关情况。

4. 介绍时，应注意自己的体态，举止要端庄、得体，面带微笑，目视对方，不能背对任何一位。介绍时应用手示意，但不可用手指指点点。

5. 在宴会、会议桌、谈判桌上，介绍者和被介绍者可视情况不必起立，被介绍双方可点头微笑致意。

6. 介绍后，不要马上离开，应略停片刻，引导双方交谈后再离开。

7. 介绍的时机很重要，通常有必要进行他人介绍的有：

(1) 在家中接待彼此不相识的客人。

(2) 在办公地点接待彼此不相识的来访者。

(3) 与家人外出时，路遇家人不相识的同事或朋友。

(4) 陪同亲友前去拜会亲友不相识者。

(5) 本人的接待对象遇见了其不相识的人士，而对方又跟自己打了招呼。

(6) 陪同上司、长者、来宾时，遇见了其不相识者，而对方又跟自己打了招呼。

(7) 打算推介某人加入某一交际圈。

(8) 收到为他人做介绍的邀请。

8. 介绍时应注意顺序，应先将年轻的介绍给年长的，将职位低的介绍给职位高的，将客人介绍给主人，将男士介绍给女士。

根据规范，必须遵守“尊者优先了解情况”的规则。即在为他人介绍前，先要确定双方地位的尊卑，然后先介绍位卑者，后介绍位尊者。这样可使位尊者先了解位卑者的情况。具体情况如下：

(1) 介绍年长者与年幼者认识时，应先介绍年幼者，后介绍年长者。

(2) 介绍长辈与晚辈认识时，应先介绍晚辈，后介绍长辈。

(3) 介绍老师与学生认识时，应先介绍学生，后介绍老师。

(4) 介绍女士与男士认识时，应先介绍男士，后介绍女士。

(5) 介绍已婚者与未婚者认识时，应先介绍未婚者，后介绍已婚者。

(6) 介绍同事、朋友与家人认识时，应先介绍家人，后介绍同事、朋友。

(7) 介绍来宾与主人认识时，应先介绍主人，后介绍来宾。

(8) 介绍社交场合的先至者与后来者认识时，应先介绍后来者，后介绍先至者。

(9) 介绍上级与下级认识时，应先介绍下级，后介绍上级。

(10) 介绍职位、身份高者与职位、身份低者认识时，应先介绍职位、身份低者，后介绍职位、身份高者。

三、集体介绍

集体介绍是指为多人所做的介绍，介绍时应注意措辞、方式和顺序。

集体介绍应注意以下细节：

1. 应注意用规范、准确的措辞，不要用简称或易生歧义的称呼；不要开玩笑、捉弄人。
2. 在演讲、报告、比赛、会议、会见时，只需要将主角介绍给大家即可。
3. 若一方人数较多，可采取笼统介绍的方式。
4. 当被介绍者双方地位、身份大致相当时，应先介绍人数较少的一方。若被介绍者双方地位、身份存在差异，虽人数较少或只有一人，也应将其放在尊贵的位置加以介绍。
5. 若被介绍的不止双方，需要对被介绍的各方进行位次排列。应注意越是正式、大型的交际活动，越需要注意介绍的顺序。一般的排列方法是：

(1) 以其负责人身份为准。

(2) 以其单位规模为准。

(3) 以抵达时间的先后顺序为准。

(4) 以座次顺序为准。

(5) 以距介绍者的远近为准。

四、介绍业务礼仪

现代市场经济日趋成熟，很多人在日常工作和交往中往往需要向别人介绍本单位的产品、技术和服务等。在进行业务介绍时，礼仪方面需要注意以下三个要点：

1. 把握时机

当消费者或者目标对象有兴趣的时候再做介绍，见机行事，效果会比较好。

2. 讲究方式

一般来说，做业务介绍时有四句话需要注意：其一，人无我有；其二，人有我优；其三，人优我新；其四，诚实无欺。

3. 尊重对手

在进行自己的业务介绍时，千万不要诋毁他人。"来说是非者，必是是非人"，任何讲究职业道德的人，都不会在介绍自己的业务时诽谤他人。尊重竞争对手，不仅是一种教养，而且也是做人的一种风度。

现场演练

各小组成员进行情景模式和角色扮演，将介绍礼仪所学知识进行练习与巩固。

情景：汽车 4S 店销售

汽车 4S 店销售角色扮演见表 3—2—1。

表 3—2—1　　汽车 4S 店销售角色扮演

姓名	角色 1	评价	角色 2	评价

§ 3—3 名片礼仪

学习目标

- 了解商务礼仪中交换名片的作用。
- 掌握商务礼仪中交换名片的方法。
- 能根据实际情况及时、准确地为他人做介绍及自我介绍。

相关知识

名片是我国古代文明的产物。据清代学者赵翼在其著作《陔余丛考》中记载："古人通名，本用削本书字，汉时谓之谒，汉末谓之刺，汉以后则虽用纸，而仍相沿曰刺。”可见，名片的前身即我国古代所用的“谒”“刺”。

名片发展至今，已是现代人交往中一种必不可少的联络工具，成为具有一定社会性、广泛性，便于携带、使用、保存和查阅的信息载体之一。在社交场合与他人进行交际应酬时，更离不开名片的使用。名片是重要的交际工具，它直接承载着个人信息，担负着保持联系的重任。而名片的使用是否正确，已成为影响人际交往成功与否的一个重要因素。

名片的用途十分广泛，最主要的是用作自我介绍，也可随赠送鲜花或礼物，以及发送介绍信、致谢信、邀请信、慰问信等使用，如图 3—3—1 所示。

销售服务有限公司

胡图图总经理
TEL:12345678910

地址：武汉市观塘区花花大厦1088室
电话：027-97845641
传真：027-45347891
E-mail:12345678@126.com

图 3—3—1 名片

一、名片的作用

1. 建立今后联系所必须的信息。

2. 可以使人们在初识时就能充分利用时间交流思想感情，无须忙于记忆。

3. 可以让人们在初识时言行更得体，不会因要了解对方情况，又顾忌触犯别人的私人领地而左右为难，也不会因要介绍自己的身份和职位而引起别人不快。

4. 使用名片可以不必与他人见面便能与其相识。在如今这个快节奏的时代，名片可以代替正式的拜访。

二、名片的交换

名片的交换是名片礼仪中的核心内容。在社交场合如何交换名片，往往是个人修养的一种反映，也是对交往对象尊重与否的直接体现。因此，交换名片务必要遵守一定之规。

1. 携带名片

在参加正式的交际活动之前都应随身携带自己的名片，以备交往之用。名片的携带应注意以下三点：

（1）足量适用

在社交场合活动中携带的名片一定要数量充足，确保够用。所带名片要分门别类，根据不同交往对象使用不同名片。

（2）完好无损

名片要保持干净、整洁，切不可出现折皱、破烂、脏污、涂改的情况，可以准备专用的名片盒，如图3—3—2所示。

（3）放置到位

名片应统一置于名片夹（图3—3—3）、公文包或上衣口袋之内，在办公室时还可放于名片架或办公桌内。切不可随便放在钱包、裤袋之内。放置名片的位置要固定，以免需要名片时东找西寻，显得毫无准备。

图3—3—2 名片盒

图3—3—3 名片夹

2. 递交名片

在与人交往时，递交名片要注意以下几个要点：

（1）观察意愿

除非自己想主动与人结识，否则名片务必要在交往双方均有结识对方并欲建立联系的意愿的前提下发送。这种愿望往往会通过“幸会”“认识你很高兴”等一类谦语以及表情、体姿等非语言符号体现出来。如果双方或一方并没有这种愿望，则无须发送名片，否则会有故意炫耀、强加于人之嫌。

（2）把握时机

发送名片要掌握适宜时机，只有在确有必要时发送名片，才会令名片发挥功效。发送名片一般应选择初识之际或分别之时，不宜过早或过迟。不要在用餐、观看戏剧、跳舞之时发送名片，也不要在大庭广众之下向多位陌生人发送名片。

一般来说，下列情况需要将自己的名片递送他人，或与对方交换名片：

1）希望认识对方。

2）被介绍给对方。

3）对方向自己索要名片。

4）对方提议交换名片。

5）打算获得对方的名片。

6）初次登门拜访对方。

7）通知对方自己的变更情况。

礼仪提示

不要把自己的名片随意散发给陌生人，防止被人不正当使用。下列情况不需要递送名片：

①对方是陌生人而且以后不需要交往。

②不想认识或深交对方。

③对方对自己并无兴趣。

④经常见面的人。

⑤与对方地位、身份、年龄差别很大。

（3）讲究顺序

双方交换名片时，应当首先由位低者向位高者发送名片，再由后者回复前者。但在多人之间递交名片时，不宜以职务高低决定发送顺序，切勿跳跃式进行发送，甚至遗漏其中某些人。最佳方法是由近而远、按顺时针或逆时针方向依次发送。

（4）先打招呼

递上名片前，应当先向对方打个招呼，令对方有所准备。既可先做一下自我介绍，也可以说声“对不起，请稍候”“可否交换一下名片”之类的提示语，如图 3—3—4 所示。

（5）发送名片的方法

1）递名片时应起身站立，走上前去，用双手将名片递给对方（名片正面朝上且对着对方），如图 3—3—5 所示。

图 3—3—4　先打招呼

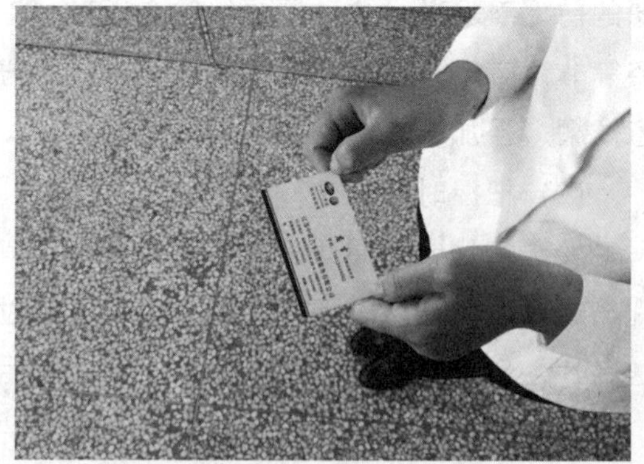

图 3—3—5　应将正面对着对方

2）若对方是外宾，最好将名片印有英文的那一面对着对方。

3）将名片递给他人时，应说“多多关照”“常联系”等话语，或是先做一下自我介绍。

(6) 发送名片的注意事项

1) 不要用左手递交名片。

2) 不要将名片背面对着对方或是颠倒着面对对方。

3) 不要将名片举得高于胸部。

4) 不要以手指夹着名片给人。

3. 接受名片

接受他人名片时，主要应当做好以下几点：

(1) 态度谦和

接受他人名片时，不论有多忙，都要暂停手中一切事情，并起身站立相迎，面带微笑，双手接过名片。至少也要用右手，而不得使用左手，如图 3—3—6 所示。

图 3—3—6　用双手接名片

(2) 认真阅读

接过名片后，先向对方致谢，然后要将其从头至尾默读一遍，遇有显示对方荣耀的职务、头衔不妨轻读出声，以示尊重和敬佩。若对方名片上的内容有所不明，可当场请教。

(3) 精心存放

接到他人名片后，切勿将其随意乱丢乱放、乱揉乱折，而应将其谨慎地置于名片夹、公文包、办公桌或上衣口袋之内，且应与本人名片区别放置。

(4) 有来有往

接受了他人的名片后，应当即刻回赠给对方一枚自己的名片。没有名片，名片用完了或者忘了带名片时，应向对方做出合理解释并致以歉意，切莫毫无反应。

4. 索要名片

依照惯例，通常情况下最好不要直接开口向他人索要名片。但若想主动结识对方或有其他原因有必要索要对方名片时，可采用以下方法：

(1) 互换法

即以名片换名片。在主动递上自己的名片后，对方按常理会回给自己一枚他的名片。如果担心对方不回送，可在递上名片时明言此意："能否有幸与您交换一下名片?"

(2) 暗示法

即用含蓄的语言暗示对方。例如，向尊长索要名片时可说："请问今后如何向您请教?"向平辈或晚辈表达此意时可说："请问今后怎样与你联络?"

礼仪提示

面对他人的索要，不应直接加以拒绝。如确有必要这么做，则需注意分寸。最好向对方表示自己的名片刚用完，或说自己忘了带名片。但若自己手里正拿着名片或刚与他人交换过名片，显然不说为妙。

三、存放名片

1. 名片的置放

(1) 在参加商务活动时，要随时准备名片。名片要经过精心设计，能够表现自己的身份、品位和公司形象。

(2) 随身所带的名片最好放在专用的名片包、名片夹里。公文包以及办公桌抽屉里也应经常备有名片，以便随时使用。

(3) 接过他人的名片看过之后，应将其精心存放在自己的名片包、名片夹或上衣口袋内。

2. 名片的管理

及时把所收到的名片加以分类、整理并收藏，以方便今后使用。不要将其随意夹在书刊、文件中，更不能随便地扔在抽屉里。

存放名片要讲究方式和方法，做到有条不紊。推荐的方法有：

(1) 按工作单位分类。

(2) 按姓名拼音字母分类。

(3) 按姓名笔划分类。

(4) 按部门、专业分类。

(5) 按国别、地区分类。

(6) 输入商务通、计算机等电子设备中，使用其内置的分类方法。

现场演练

各小组成员进行情景模式和角色扮演，将名片礼仪所学知识进行练习与巩固。

1. 情景一：汽车 4S 店展厅销售

汽车 4S 店展厅销售角色扮演见表 3—3—1。

表 3—3—1　　汽车 4S 店展厅销售角色扮演

姓名	角色 1	评价	角色 2	评价

2. 情景二：汽车展览会现场

汽车展览会现场角色扮演见表 3—3—2。

表 3—3—2　　汽车展览会现场角色扮演

姓名	角色 1	评价	角色 2	评价

§ 3—4　握手礼仪

学习目标

- 了解商务接待中握手的方法。
- 掌握商务接待中握手的顺序。
- 了解商务接待中握手的禁忌。

相关知识

礼仪是人际交往中的行为规范，所以在比较正规的场合，人和人握手谁先伸手是有规范做法的。

一、握手的方法

握手时，距对方约一步远，上身稍向前倾，两足立正，伸出右手，四指并拢，虎口相交，拇指张开并下滑。向受礼者握手，除了关系亲近的人可以长久地把手握在一起外，一般握 2～3 下就行，如图 3—4—1 所示。不要太用力，但漫不经心地用手指尖“蜻蜓点水”式去点一下也是无礼的。

图 3—4—1　握手

一般要将时间控制在 3～5 秒。如果要表达自己的真诚和热烈，也可较长时间握手，并上下摇晃几下。掌心向下握住对方的手，显示着一个人强烈的支配欲，无声地告诉别人，他此时处于高人一等的地位。应尽量避免这种傲慢无礼的握手方式。相反，掌心向里握手显示出一个人的谦卑和恭敬。平等而自然的握手姿态是两手的手掌都处于垂直状态，这是一种最普通也最稳妥的握手方式。

在握手时不妨说一些问候的话，语气应直接而且肯定，并在重要字眼时紧握对方的手，以加强对方对你的印象。

二、握手的顺序

长辈和晚辈之间，长辈伸手后，晚辈才能伸手相握；上下级之间，上级伸手后，下级才能伸手相握；男女之间，女方伸手后，男方才能伸手相握；当然，如果男方为长者，遵照前面说的方法。如果需要和多人握手，握手时要讲究先后次序，由尊而卑，即先年长者后年幼者，先长辈再晚辈，先老师后学生，先女士后男士，先已婚者后未婚者，先上级后下级。

交际时如果人数较多，可以只跟相近的几个人握手，向其他人点头示意，或微鞠躬就行。为了避免尴尬场面发生，在主动和人握手之前，应想一想自己是否受对方欢迎，如果已经察觉对方没有要握手的意思，点头致意或微鞠躬就行了。

在公务场合，握手时伸手的先后次序主要取决于职位、身份。而在社交、休闲场合，它主要取决于年龄、性别、婚否。在接待来访者时，这一问题变得特殊一些：当客人抵达时，应由主人首先伸出手来与客人相握。而在客人告辞时，就应由客人首先伸出手来与主人相握。前者是表示“欢迎”，后者就表示“再见”。这一次序若颠倒，很容易让人产生误解。

应当强调的是，上述握手时的先后次序不必处处苛求于人。如果自己是尊者或长者、上级，而位卑者、年轻者或下级抢先伸手时，最得体的就是立即伸出自己的手进行配合，而不要置之不理，使对方当场出丑。

三、握手的场合

1. 遇到较长时间没见面的熟人。
2. 在比较正式的场合和认识的人道别。
3. 在以本人作为东道主的社交场合，迎接或送别来访者时。
4. 拜访他人后，在辞行的时候。
5. 介绍给不认识的人时。
6. 在社交场合偶然遇到亲朋、故旧或上司的时候。
7. 别人给予你一定的支持、鼓励或帮助时。
8. 表示感谢、恭喜、祝贺时；对别人表示理解、支持、肯定时；得知别人患病、失恋、失业、降职或遭受其他挫折时。
9. 向别人赠送礼品或颁发奖品时。

四、握手的要点

1. 手位

手位特指手伸出来时的伸法。标准做法是手尖稍稍向侧下方伸出，手掌垂直于地面，五指后面四个指并拢，拇指适当地张开，如图 3—4—2 所示。若掌心向下则显得傲慢，似乎处于高人一等的地位；若掌心向上，在一般情况下这表示谦恭，但姿势不好看。这两种做法均不可取。

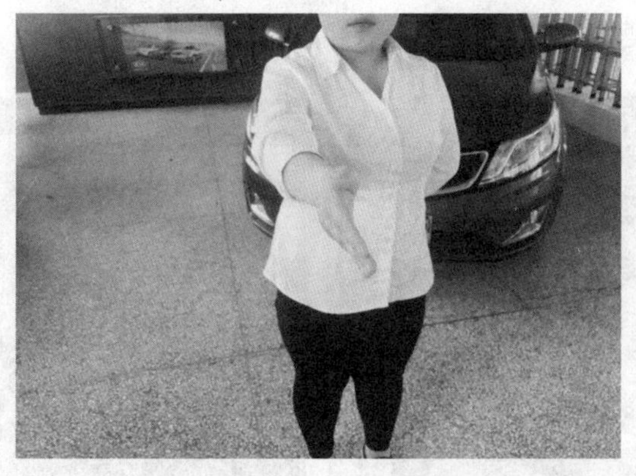

图 3—4—2　手位

2. 时间

一般的握手时间在 3～5 秒即可，当表示鼓励、慰问和热情时，握手的时间可以稍微延长，但绝对不要超过 30 秒。

3. 力度

一般而论，握手时都是用一只手去握对方的一只手，手掌握着对方的手掌，而不是握其手腕，另外，也要注意别握得太少。握手时最佳的做法是要稍微用力，以表示热情和友善，但要注意力量的控制。

4. 寒暄

握手时的寒暄有以下两点需要谨记：

（1）要说话。比如，第一次见面要说“欢迎光临”“久仰久仰”，或者问好。老朋友见面要问“别来无恙”，告别之时要祝“一路平安”。一言不发，说明自己不耐烦、不高兴。

（2）要以表情进行配合。与人握手时，表情要自然、热情。另外，还要强调表情中的一个要点，就是和任何人握手时，必须同时双眼注视对方的双眼，千万不要东张西望，否则会让对方感到非常尴尬和难堪，有不被重视之感。

五、握手的禁忌

1. 忌用左手相握，尤其是和阿拉伯人、印度人打交道时要牢记，因为在他们看来左手是不洁的。

2. 在和基督教信徒交往时，要避免两人握手时与另外两人相握的手形成交叉状，这种形状类似十字架，在他们眼里这是很不吉利的。

3. 忌在握手时戴手套或墨镜，只有女士在社交场合戴薄纱手套才是被允许的。

4. 忌在握手时另外一只手插在衣袋里或拿着东西，如图 3—4—3 所示。

5. 忌在握手时面无表情、不置一词或长篇大论、点头哈腰，过分客套。

6. 忌在握手时仅握住对方的手指尖，好像有意与对方保持距离。正确的做法是，要握住整个手掌。对异性也要握住四指，如图 3—4—4 所示。

图 3—4—3　握手时另外一只手插在衣袋里

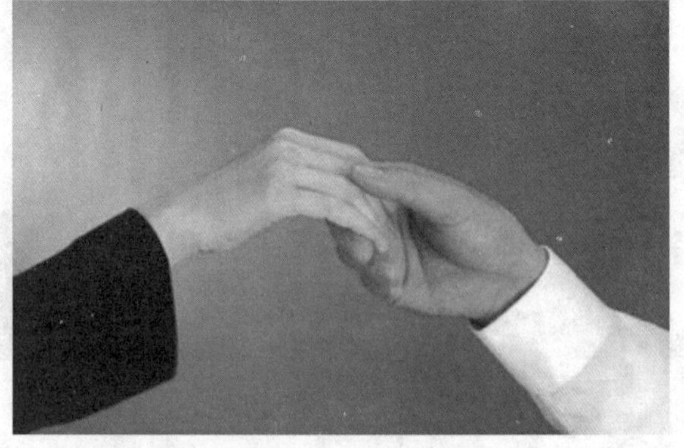

图 3—4—4　握住异性四指

7. 忌在握手时把对方的手拉过来、推过去，或者上下左右不停抖动。

8. 忌拒绝和别人握手，即使有手疾或汗湿、弄脏了，也要和对方说一下“对不起，我的手现在不方便"，以免造成不必要的误会。

现场演练

各小组成员进行情景模式和角色扮演，将握手礼仪所学知识进行练习与巩固。

1. 情景一：汽车 4S 店展厅销售

汽车 4S 店展厅销售角色扮演见表 3—4—1。

表 3—4—1　　汽车 4S 店展厅销售角色扮演

姓名	角色 1	评价	角色 2	评价

2. 情景二：汽车展览会现场

汽车展览会现场角色扮演见表 3—4—2。

表 3—4—2　　汽车展览会现场角色扮演

姓名	角色 1	评价	角色 2	评价

§3—5　致意礼仪

学习目标

- 了解致意礼仪常见的方式。
- 掌握致意礼仪的适用场合及禁忌。

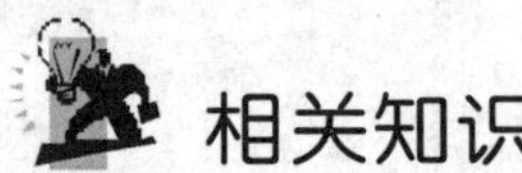

相关知识

致意是一种常用的礼节，主要是以动作问候朋友，通常用于相识的人之间在各种场合打招呼。它在迎送、被别人引见、拜访时作为见面的礼节，所以对社交活动的进行影响极大。礼貌的致意会给人一种友好、友善的感觉，会让对方觉得你很有修养，很有素质。

致意的基本规范是：男士应当首先向女士致意，年轻者应当首先向年长者致意，学生应当首先向老师致意，下级应当首先向上级致意。

致意包括起立致意、点头致意、举手致意、微笑致意、欠身致意等。

一、起立致意

起立致意常用于较正式场合长者、尊者到来或离去时，在场者应起立表示致意。

二、点头致意

点头致意适用于不宜交谈的场合，如会议及会议的进行中，与相识者在同一地点多次见面或仅一面之交者，在社交场合相识亦可点头为礼。点头的正确做法是头向下微微一动，不可幅度过大，也不必点头不止。

三、举手致意

举手致意适用于向距离较远的熟人打招呼，一般不必出声，只将右臂伸直且掌心朝向对方，轻轻摆一下手即可，不要反复摇动。

1. 挥手礼

举手致意的正确做法是：

(1) 身体立直，面带微笑，目视对方，略略点头。

(2) 手臂轻缓地由下而上向侧上方伸出，手臂可全部伸直，也可稍有弯曲。

(3) 致意时伸开手掌，掌心向外对着对方，指尖指向上方。

(4) 手臂不要向左右两侧往返摆动。

挥手道别也是人际交往中的常见手势，采用这一手势的正确做法是：

(1) 身体立直，不要摇摆和走动。

(2) 目视对方，不要东张西望，眼看别处。

(3) 可用右手，也可双手并用，不要只用左手挥动。

(4) 手臂尽量向上前方伸，不要伸得太低或过分弯曲。

(5) 掌心向外，指尖朝上，手臂左右挥动；用双手道别，两手同时由外侧向内侧挥动，不要上下摇动或举而不动。

2. 拱手礼

拱手礼也叫作揖礼。在我国，拱手礼已经有两三千年的历史了，从西周起就开始在同辈人见面、交往时采用。古人通过程式化的礼仪，以自谦的方式表达对他人的敬意。千百年来，这种散发着典雅气息的民族礼节，既表达出人们彼此之间的“敬”与“礼”，是拉近人与人之间距离最得体的方式之一，也是中华民族自古以来的交往礼节。

拱手致意在我国是一种民间传统的会面礼，是人们表示祝贺、祝愿的一种施礼方式。其姿势是起身站立，上身直立或微俯，双手互握合于胸前，通常为左手握空拳，右手抱左手，拱手齐眉，上下略摆动几下。

在我国，拱手致意通常用于以下场合：

(1) 每逢重大节日，如春节等，邻居、朋友、同事见面时，常拱手为礼，以表祝愿。

(2) 为欢庆节日而召开的团拜会上，大家欢聚一堂，互相祝愿，常以拱手致意。

(3) 婚礼、生日、庆功等喜庆场合，来宾也可以拱手致意的方式向当事人表示祝贺。

(4) 双方告别，互道珍重时可用拱手礼。有时向对方表示歉意也可用拱手表示。拱手致意时，往往与寒暄语同时进行，如“恭喜恭喜”“久仰久仰”“请多多关照”“节日快乐”“后会有期”等。

3. 合十礼

据记载，当人类还在原始阶段，彼此见面、道别时就以合十为礼。双手合十，可以让对方消除戒备和恐惧，不再疑心你是否将武器藏在身后，所以说合十也有和平的含义。

常见的合十礼有四种：

(1) 坚实合掌。将两手手指伸直并拢，两掌贴合。它可以产生庄严而肃然的奇妙效应。

(2) 虚心合掌。将坚实合掌的掌心虚空。它可以使人瞬间变得心平气和，杂念全无。

(3) 莲花合掌。将坚实合掌的中指与食指作“V”形，状如莲花蓓蕾。它可以使人忘掉忧愁和痛苦，逐渐变得开朗、愉悦起来。

(4) 金刚合掌。将两掌并拢，手指插合，拇指交叉。它可以使人增强自信心，抑制住傲气和愤怒。

以上四种合十礼的姿势中，坚实合掌是最基本的，也是最常见的。

4. 吻礼

吻礼是盛行于西方的一种礼节，包括亲吻礼、拥抱礼和吻手礼三种。随着对外交往的广泛开展，这种礼节在涉外交往活动中也会经常遇到。

(1) 亲吻礼

亲吻礼作为西方的一种礼俗，起源于古罗马。亲吻不同于接吻，它因行礼者相互关系的不同而亲吻时“接触”的具体部位各不相同。长辈与晚辈亲吻时，长辈吻晚辈的额头；晚辈则吻长辈的下颌。平辈亲友、熟人之间只能相互轻吻一下或者轻轻贴一下对方的脸颊，也称贴面礼，行礼时双方都会互相用脸颊碰一下，嘴里同时发出“啧啧”的声音，声音越大表示越热情。通常从右颊开始，左右各碰一下，正式场合一般是三次，右、左、右。或者不一定真的碰上，只是在脸颊附近虚张声势一下，但也要发出“啧啧”声。

(2) 拥抱礼

在欧美各国、中东和南美洲，亲友、熟人见面或告别之时，常常使用拥抱礼，并常与亲吻并行。拥抱不但是人们日常交往的重要礼节，也是各国领导人在外交场合中的见面礼节。它和亲吻一样，也是通过身体某一部分的接触来表示尊敬和亲热。

拥抱礼的标准方式是两人相距 20 厘米相对而立，各自抬起右臂，扶住对方的左后肩，左手扶住对方的右后腰，双方的头部及上身向左前方相互拥抱，礼节性的拥抱即到此结束。如果为了表达更为亲密的感情，在向左前方拥抱之后，头部及上身向右前方拥抱，最后再次向左前方拥抱，才算礼毕。

(3) 吻手礼

吻手礼是流行于欧美上流社会异性之间的一种最高层次的见面礼。行吻手礼时，男士行至女士面前距离约 80 厘米，首先立正欠身致敬，征待女士同意。女士将右手轻轻向左前方抬起约 60°时，是准许行吻手礼的暗示。男士以右手或双手轻轻抬起女士的右手，同时俯身弯腰以自己微闭的嘴唇象征性地轻触一下女士的手背或手指，要稳重、自然、利索、不发出声响，不留痕迹。行吻手礼仅限于室内，而且主要是男士向已婚女士表示的一种敬意。

四、欠身致意

鞠躬礼本源于中国。在先秦时代，两人相见，以弯曲身体待之，表示一个人谦逊、恭敬的姿势。在西方历史上的骑士时代，鞠躬礼则象征了对别人的屈膝投降。在今天，鞠躬已成为一种交际仪式，是人们在生活中对别人表示恭敬的一种礼节。

鞠躬礼的正确姿势：行礼者在距受礼者 1.5 米左右进行；行礼时，以腰部为轴，头、肩、上身顺势向前倾 15°～45°，具体的前倾幅度还可视行礼者对受礼者的尊重程度而定；双手应在上身前倾时自然下垂放于两侧，也可两手交叉相握放在体前，面带微笑，目光下垂，嘴里还可附带问候语，如“你好”“早上好”等，施完礼后恢复立正姿势。

通常情况下有以下几种方式：15°表示问候、倾听；30°表示感谢，这时眼睛要看着对方的眼睛行礼；45°表示道歉，眼神落在对方的脚尖处，或者是在自己前方 1 米处左右。

五、致意礼仪的禁忌

不管是哪种形式，作为商务活动的参与者，都要注意以下两点：

首先，应该明确这些礼节是出于好意，是为了表达一种友好的感情，因此，对一些从未见过的礼节不必惊慌失措，或者害怕。而要落落大方，从容应对，要热情相迎，欣然领受。

其次，要以我为主、争取主动，不能贸然仿效。尽管都是致意礼节，但每一种方式运用时的条件是完全不同的。例如，拥抱礼并非一见面就拥抱，也不是任何人都可以拥抱，恰恰相反，拥抱礼只有在再次重逢或感情较深时才可以行使。有些礼节可能还含有一些本民族文化当中不能接受的形式。当然，这也不能成为拒绝接受致意礼仪的借口。

各小组成员进行情景模式和角色扮演，将致意礼仪所学知识进行练习与巩固。

1．情景一：汽车4S店展厅销售

汽车4S店展厅销售角色扮演见表3—5—1。

表3—5—1　汽车4S店展厅销售角色扮演

姓名	角色1	评价	角色2	评价

2．情景二：汽车展览会现场

汽车展览会现场角色扮演见表3—5—2。

表3—5—2　汽车展览会现场角色扮演

姓名	角色1	评价	角色2	评价

§3—6　电话礼仪

学习目标

- 掌握接、打电话的基本礼仪。
- 了解电话礼仪中的注意事项。
- 熟悉电话礼仪中的礼貌用语。

相关知识

电话被现代人公认为一种便利的通信工具，在日常工作中，使用电话的语言很关键，它直接影响着一个公司的声誉；通过电话也能粗略判断对方的人品和性格。因此，掌握正确的、礼貌待人的接、打电话方法是非常必要的。

一、接电话礼仪

接听电话不可太随便，得讲究必要的礼仪和一定的技巧，以免横生误会。无论是打电话还是接电话，都应做到语调热情、大方自然、声量适中、表达清楚、简明扼要、文明礼貌。

1. 及时接电话

一般来说，在办公室里，电话铃响 3 遍之前就应接听，3 遍后就应道歉："对不起，让您久等了。"如果受话人正在做一件要紧的事情不能及时接听，代接的人应妥为解释。如果既不及时接电话，又不道歉，甚至极不耐烦，就是极不礼貌的行为。尽快接听电话会给对方留下好印象，让对方觉得自己被看重。

2. 确认对方

对方打来电话，一般会自己主动介绍。如果没有介绍或者没有听清楚，就应该主动问："请问您是哪位？我能为您做什么？您找哪位？"但是，人们习惯的做法是，拿起电话听筒盘问一句："喂！哪位？"这在对方听来陌生而疏远，缺少人情味。接到对方打来的电话，应拿起听筒首先自我介绍："你好！我是×××。"如果对方找的人在旁边，则应说："请稍等。"然后用手掩住话筒，轻声招呼受话人接电话。如果对方找的人不在，应该告诉对方，并且问："需要留言吗？我一定转告！"

3. 讲究艺术

接听电话时，应注意使嘴和话筒保持 4 厘米左右的距离；要把耳朵贴近话筒，仔细倾听对方的讲话。最后，应让对方自己结束电话，然后轻轻把话筒放好，不可"啪"地扔回原处，这极不礼貌。最好是在对方之后挂电话。

4. 调整心态

拿起电话听筒的时候一定要面带笑容。不要以为笑容只能表现在脸上，它也会藏在声音里。亲切、温情的声音会使对方马上对你产生良好的印象。如果绷着脸，声音会变得冷冰冰。

打、接电话的时候不能叼着香烟、嚼着口香糖；说话时，声音不宜过大或过小，吐字清晰，保证对方能听明白。

5. 随时记录

用左手接听电话，右手边准备纸和笔，便于随时记录有用信息。

二、打电话礼仪

1. 打电话要点

(1) 选好时间。打电话时，如非重要事情，尽量避开受话人休息、用餐的时间，而且最好别在节假日打扰对方。

(2) 掌握通话时间。打电话前，最好先想好要讲的内容，以便节约通话时间，不要现想现说，或“煲电话粥”，通常一次通话不应长于3分钟，即所谓的“3分钟原则”。

(3) 态度友好。通话时不要大喊大叫，震耳欲聋。

(4) 用语规范。通话之初，应先做自我介绍，不要让对方“猜一猜”。请受话人找人或代转时，应说“劳驾”或“麻烦您”，不要认为这是理所应当的。

2. 手机使用注意事项

在手机越来越普及的今天，在使用手机时，应遵循以下几点原则：

(1) 不要在飞机上使用手机，以免影响飞机正常飞行。

(2) 应注意有些地方是不允许使用手机的，如加油站、一些餐馆、酒吧、剧院、电影院以及火车行李站等。

(3) 当不使用手机时，应锁住手机按钮，以防意外拨打诸如119、110、120等特殊的电话号码。

3. 接、打电话常用礼貌用语

(1) 您好！这里是×××汽车销售公司，请问您找谁？

(2) 我就是，请问您是哪位？……请讲。

(3) 请问您有什么事？/有什么能帮您？

(4) 您放心，我会尽力办好这件事。

(5) 不用谢，这是我们应该做的。

(6) ×××同志不在，我可以替您转告吗？/请您稍后再来电话好吗？

(7) 对不起，这类业务请您向×××部（室）咨询，他们的号码是……。/×××同志不是这个电话号码，他（她）的电话号码是……。

(8) 您打错号码了，这里是×××汽车销售公司，……没关系。

(9) 再见（与以下各项通用）！

(10) 您好！请问是×××单位吗？

(11) 这里是×××汽车销售公司，请问怎么称呼您？

(12) 请帮我找×××同志。

(13) 对不起，我打错电话了。

(14) 对不起，这个问题……，请留下您的联系电话，我们会尽快给您答复好吗？

现场演练

各小组成员进行情景模式和角色扮演，将电话礼仪所学知识进行练习与巩固。

1. 情景一：汽车4S店售前电话

汽车4S店售前电话角色扮演见表3—6—1。

表 3—6—1　　汽车 4S 店售前电话角色扮演

姓名	角色 1	评价	角色 2	评价

2. 情景二：汽车 4S 店售后电话

汽车 4S 店售后电话角色扮演见表 3—6—2。

表 3—6—2　　汽车 4S 店售后电话角色扮演

姓名	角色 1	评价	角色 2	评价

第四章　商务社交礼仪

§4—1　商务谈判礼仪

学习目标

- 了解商务谈判礼仪的含义和特点。
- 掌握商务谈判礼仪的作用和原则。
- 掌握商务谈判中的礼仪。

相关知识

商务谈判礼仪是指商务人员在从事商务活动的过程中（即履行以买卖方式使商品流通或提供某种服务获取报酬职能的过程中）应使用的礼仪规范。在今天的商业社会里，由于竞争的加剧，行业内部以及相近行业间在产品和服务方面趋同性不断增强，使公司与公司之间所提供的产品和服务并无太大差别，这样就使服务态度和商务谈判礼仪成为影响客户选择产品和服务的至关重要的因素。

一、商务谈判的含义

1. 商务谈判礼仪的含义

所谓商务谈判礼仪，是指人们在从事商品流通的各种经济行为中应当遵循的一系列行为规范。商务谈判礼仪与一般的人际交往礼仪不同，它体现在商务活动的各个环节中。

2. 商务谈判礼仪的基本特征

随着知识经济和信息技术的快速发展，经济全球化增强，现代商务环境的变化越来越快，商务交流的手段越来越多，商务谈判礼仪也出现了一些不同于以往的新特点。

（1）规范性

规范性是指待人接物的标准做法。商务谈判礼仪的规范性是一个舆论约束，它与法律约束不同，法律约束具有强制性。不遵守商务谈判礼仪后果可能不会致命，但却有可能会让你在商务场合被人笑话。例如，我们在吃自助餐时，要遵守相应的基本规范，如多次少取，这是自助餐的标准化要求，若不遵守，就会弄巧成拙、贻笑大方。因此，在商务交往场合，一定要遵守商务谈判礼仪的规范性。例如，如何称呼客人，如何打电话，如何做介绍，如何交换名片，如何就餐等都是有一定之规的。

（2）普遍性

当今社会是商业的社会，各种商务活动已渗透到社会的每一个角落，可以说，只要是有人类生活的地方，就存在着各种各样的商务活动，也就存在着各种各样的商务谈判礼仪规范。

（3）差异性

即“到了什么山上唱什么歌，跟什么人说什么话”。在不同的文化背景下，所产生的礼仪文化也不尽相同。商务谈判礼仪的主要内容源于传统礼仪，因此，它具有差异性的基本特征。

在商务交际场合，要根据对象的不同采用不同的礼仪规则。如在宴请客人时，便宴优先考虑的应该是菜肴的安排。要问清对方不吃什么，有什么忌讳等。不同民族有不同的习惯，必须尊重民族习惯。如西方人就有六不吃：不吃动物内脏；不吃动物的头和脚；不吃宠物，尤其是猫和狗；不吃珍稀动物；不吃淡水鱼；不吃无鳞、无鳍的鱼、蛇、鳝等。

除了民族禁忌之外，还要注意宗教禁忌，如穆斯林忌动物的血，佛教忌荤腥、韭菜等。

（4）技巧性

商务谈判礼仪强调操作性，这种操作是讲究技巧的，其技巧体现在商务活动的一言一行、一举一动中。例如，招待客人喝饮料，就有两种问法，一是“请问您想喝点什么?”，二是“您喝××还是××?”。第一种问法是开放式的，给客人选择的空间是无限的，这种方式可能会产生一种后果，客人的选择超出你的能力范围时会带来尴尬和不便；第二种问法是封闭式的，是一种技巧性比较强的方式，可以有效避免上述情况的出现。

（5）发展性

时代在发展，商务谈判礼仪文化也在随着社会的进步不断发展。20 世纪七八十年代，人们一般通过电报、信件等传递各种商务信息，而在今天，人们常用的则是电子邮件、电视、电话等这些随着时代进步而产生的新生事物。

二、商务谈判礼仪的作用和原则

1. 商务谈判礼仪的作用

（1）规范行为

礼仪最基本的功能就是规范各种行为。在商务交往中，人们相互影响、相互作用、相互合作，如果不遵循一定的规范，双方就缺乏协作的基础。在众多的商务规范中，礼仪规范可以使人明白应该怎样做，不应该怎样做，哪些可以做，哪些不可以做，有利于确定自我形象，尊重他人，赢得友谊。

（2）传递信息

礼仪是一种信息，通过这种信息可以表达出尊敬、友善、真诚等感情，使别人感到温暖。在商务活动中，恰当的礼仪可以获得对方的好感、信任，进而有助于事业的发展。

(3) 增进感情

同“商务礼仪的作用”。

(4) 树立形象

一个人讲究礼仪，就会在众人面前树立良好的个人形象；一个组织的成员讲究礼仪，就会为自己的组织树立良好的形象，赢得公众的赞赏。现代市场竞争除了产品竞争外，更体现在形象竞争上。一个具有良好信誉和形象的公司或企业，就容易获得社会各方的信任和支持，就可以在激烈的竞争中处于不败之地。因此，商务人员时刻注重礼仪，既是个人和组织良好素质的体现，也是树立和巩固良好形象的需要。

2. 商务谈判礼仪的原则

(1)“尊敬”原则

《孟子·告子上》中说：“恭敬之心，礼也。”尊敬是礼仪的情感基础。在现实社会中，人与人是平等的，尊重长辈，关心客户，这不但不是自我卑下的行为，反而是一种至高无上的礼仪，说明一个人具有良好的个人素质。“爱人者，人恒爱之；敬人者，人恒敬之”“人敬我一尺，我敬人一丈”，礼的良性循环就是借助这样的机制而得以生生不已的。当然，礼待他人也是一种自重，不应以伪善取悦于人，更不可以富贵骄人。尊敬人还要做到入乡随俗，尊重他人的喜好与禁忌。总之，对人尊敬和友善，这是处理人际关系的一项重要原则。

(2)“真诚”原则

商务人员的礼仪主要是为了树立良好的个人和组织形象，所以礼仪对于商务活动的目的来说，不仅仅在于其形式和手段层面上的意义，同时更应注重从事商务、讲究礼仪的长远效益。只有恪守真诚原则，着眼于将来，通过长期潜移默化的影响，才能获得最终的利益。也就是说商务人员与企业要爱惜其形象与声誉，就不应仅追求礼仪外在形式的完美，更应将其视为商务人员情感的真诚流露与表现。

(3)“谦和”原则

“谦”就是谦虚，“和”就是和善、随和。谦和不仅是一种美德，更是社交成功的重要条件。《荀子·劝学》中曾说道：“礼恭，而后可与言道之方；辞顺，而后可与言道之理；色从，而后可与言道之致”，即是说只有举止、言谈、态度都是谦恭有礼时，才能从别人那里得到教诲。

谦和，在社交场上表现为平易近人、热情大方、善于与人相处、乐于听取他人的意见，显示出虚怀若谷的胸襟，因而对周围的人具有很强的吸引力，有着较强的调整人际关系的能力。

当然，此处强调的谦和并不是指过分的谦虚、无原则的妥协和退让，更不是妄自菲薄。应当认识到过分的谦虚其实是社交的障碍，尤其是在和西方人的商务交往中，不自信的表现会让对方怀疑你的能力。

(4)“宽容”原则

“宽”即宽待，“容”即相容。宽容就是心胸坦荡、豁达大度，能设身处地地为他人着想，谅解他人的过失，不计较个人得失，有很强的容纳意识和自控能力。中国传统文化历来重视并提倡宽容的道德原则，并把宽以待人视为一种为人处世的基本美德。从事商务活动也要求宽以待人，在人际纷争问题上保持豁达大度的品格或态度。在商务活动中，出于各自的立场和利益，难免出现误解和冲突。遵循宽容原则，凡事想开一点，眼光放远一点，善解人意，体谅别人，才能正确对待和处理好各种关系与纷争，争取到更长远的利益。

(5)“适度”原则

人际交往中要注意各种不同情况下的社交距离，也就是要善于把握沟通时的感情尺度。古话说：“君子之交淡如水，小人之交甘如醴。”此话不无道理。在人际交往中，沟通和理解是建立良好人际关系的重要条件，但如果不善于把握沟通时的感情尺度，即人际交往缺乏适度的距离，结果会适得其反。例如，在一般交往中，既要彬彬有礼，又不能低三下四；既要热情大方，又不能轻浮谄谀。所谓适度，就是要注意感情适度、谈吐适度、举止适度。只有这样才能真正赢得对方的尊重，达到沟通的目的。

总之，掌握并遵循礼仪原则，在人际交往、商务活动中就有可能成为待人诚恳、彬彬有礼之辈，并受到他人的尊敬和尊重。

三、商务谈判中的礼仪

主场谈判、客场谈判在礼仪上习惯称为主座谈判和客座谈判。主座谈判因在我方所在地进行，为确保谈判顺利进行，我方（主方）通常需做一系列准备和接待工作；客座谈判因到对方所在地谈判，我方（客方）则需入乡随俗，入境问禁。在商务谈判过程中，自始至终都贯穿一定的礼仪规范，每一个细节都不能忽略。

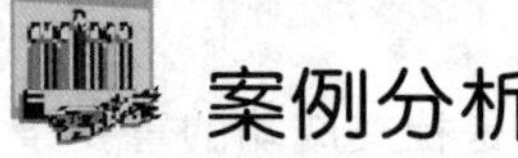

案例分析

案例：为什么洽谈失败？

王先生是国内一家大型外贸公司的总经理，某次，他携秘书韩小姐一行赴伊朗洽谈一批机械设备的出口事宜。

王先生一行在抵达伊朗的当天下午就到交易方的公司进行拜访，然而正巧遇上他们祷告的时间，主人示意他们稍作等候再进行会谈，以办事效率高而闻名的王先生对这样的安排表示出不满。东道主为表示对王先生一行的欢迎，特意举行了欢迎晚会。秘书韩小姐希望以自己简洁、脱俗的服饰向众人展示中国女性的精明、能干、美丽与大方。她穿着白色无袖紧身上衣，配蓝色短裙，在众人略显异样的目光中步入会场。为表示敬意，主人向每位中国来宾逐一递上饮料，当习惯使用左手的韩小姐很自然地伸出左手接饮料时，主人立即改变了神色，并生气地将饮料放在了餐桌上。

令王先生一行不解的是，在接下来的会谈中，一向很有合作诚意的东道主没有再和他们进行任何实质性的会谈。

分析：

（1）伊朗信奉伊斯兰教，伊斯兰教教规要求每天做五次祷告，祷告时工作暂停，这时客人绝不可打断他们的祈祷或表示不耐烦。王先生对推迟会谈表示不满，显然是不了解阿拉伯国家的这一习俗。

（2）伊朗人的着装比较保守，特别是妇女，一般情况下会用一大块黑布将自己包裹得严严实实，只将双眼露在外面，即便是外国妇女也不可以穿太暴露的服装。韩小姐的无袖紧身上衣和短裙都是伊朗人所不能接受的。

（3）在伊朗，左手被视为不洁之手，一般用于洁身之用，用左手递、接物品或行礼被公认为是一种蓄意侮辱别人的行为。所以韩小姐在宴会上的举动引起了主人异常的不满。

综上所述，致使王先生的公司失去商务机会的原因，是他们访问前未对对方的宗教信仰、风俗习惯等方面进行认真的调研，在尊重对方、入乡随俗等方面做得不够。

1. 主座谈判接待礼仪

（1）主座谈判的接待准备

主座谈判，作为东道主一方出面安排各项谈判事宜时，一定要在迎送、款待、场地布置、座次安排等各方面精心而周密地准备，尽量做到主随客便，主应客求，以获得客方的理解、信赖和尊重。

1）成立接待小组。成员由后勤保障（食宿方面）、交通、通信、医疗等各环节的负责人员组成，涉外谈判还应备有翻译。

2）了解客方基本情况，收集有关信息。可向客方索要谈判代表团成员的名单，了解其性别、职务、级别及一行人数，以作为食宿安排的依据。掌握客方抵、离的具体时间、地点、交通方式，以安排迎送的车辆和人员及预订、预购返程车、船票或飞机票。注意客方谈判代表在谈判期间的费用通常都是由其自理的。

3）拟订接待方案。根据客方的意图、情况和主方的实际情况，拟订出接待计划和日程安排表。日程安排还要注意时间上紧凑，日程安排表拟出后，可传真给客方征询意见，待客方无异议确定以后，即可打印。如是涉外谈判，则要将日程安排表译成客方文字，日程安排表可在客方抵达后交由客方副领队分发，亦可将其放在客方成员住房的桌上。

主座谈判时，东道主可根据实际情况举行接风、送行、庆祝签约的宴会或招待会。

(2) 主座谈判迎送工作

主方人员应准确掌握谈判日程安排的时间，先于客方到达谈判地点，当客方人员到达时，主方人员在大楼门口迎候。亦可指定专人在大楼门口接引客人，主方人员只在谈判室门口迎候。

了解客方对谈判的目的和要求，以及食宿标准、参观访问、观光游览的愿望。

客方身份特殊或尊贵的领导抵达时，主方可主动到机场、车站、码头迎接，应在其到达15分钟前赶到，还可以安排献花。迎接的客人较多时，主方迎接人员可以按身份及职位的高低顺序列队迎接，双方人员互相握手致意，问候与寒暄。如果主方主要领导陪同乘车，应请客方主要领导坐在其右侧。最好客人从右侧门上车，主人从左侧门上车，避免从客人座前穿过。

2. 客座谈判的礼仪

所谓客座谈判，指的是在谈判对象单位所在地所举行的谈判。一般来说，这种谈判显然会使谈判对象占尽地主之利。“入乡随俗，客随主便”，对一些非原则性问题采取宽容的态度，以保证谈判顺利进行。要明确告诉主方自己代表团的来意及目的、成员人数、成员组成、抵/离的具体时间、航班/车次、食宿标准等，以方便主方的接待和安排。

谈判期间，对主方安排的各项活动要准时参加，通常应在约定时间的5分钟之前到达约定地点。到主方公司进行公务拜访或私人访问要先预约，对主方的接待，在适当的时间以适当的方式表示感谢。客座谈判有时也可视双方的情况，除谈判的日程外，自行安排食宿、交通、访问、游览等活动。

现场演练

各小组成员进行情景模式和角色扮演，将主、客座谈判礼仪所学知识进行练习与巩固。

1. 情景一：主座谈判礼仪

主座谈判礼仪角色扮演见表4—1—1。

表4—1—1　　主座谈判礼仪角色扮演

姓名	角色1	评价	角色2	评价

2. 情景二：客座谈判礼仪

客座谈判礼仪角色扮演见表 4—1—2。

表 4—1—2 客座谈判礼仪角色扮演

姓名	角色 1	评价	角色 2	评价

§4—2 位次礼仪

学习目标

- 掌握谈判时位次的安排。
- 掌握会议位次的安排。

相关知识

负责接待工作时，经常会遇到安排会议座次的问题。那么该如何安排座次呢？不少人凭想当然办事，结果往往会出一些不必要的差错，惹一些不必要的麻烦。

一、会前准备工作

1. 对上主席台的领导同志能否届时出席会议，在开会前务必逐一落实。

2. 领导同志到达会场后，要安排在休息室稍候片刻，再逐一核实，并告之上台后所坐方位。如果主席台人数很多，还应准备座位图。

3. 如果有临时变化，应及时调整座次、名签，防止主席台上出现名签差错或领导空缺。

4. 要注意认真填写名签，谨防错别字出现。

二、谈判位次安排

在商务交往中，不同的企业为了各自的经济利益而在一起商洽的时候，就出现了谈判；为了表示出谈判的严肃性，人们很重视谈判的位次。

1. 横桌式谈判位次排列（图 4—2—1）

横桌式谈判位次排列，是指谈判桌在谈判室内横放，客方人员面门而坐，主方人员背门而坐；除双方主谈者居中就座外，各方的其他人士则应依其具体身份的高低，各自按先右后左、自高而低的顺序分别在己方一侧就座；双方主谈者的右侧之位，在国内谈判中可坐副手，而在涉外谈判中则应由译员就座。

图 4—2—1 横桌式谈判位次示意图

2. 竖桌式谈判位次排列（图 4—2—2）

竖桌式谈判位次排列，是指谈判桌在谈判室内竖放；以进门时的方向为准，右侧由客方人士就座，左侧则由主方人士就座；在其他方面则与横桌式排座相仿。

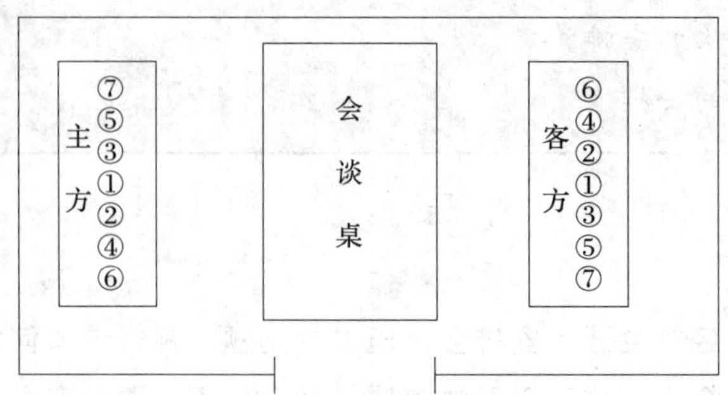

图 4—2—2 竖桌式谈判位次示意图

三、会议位次安排

1. 小型会议位次排列（图 4—2—3）

小型会议一般是指参加者较少、规模不大的会议。全体与会者均应排座，不设立专用的主席台。

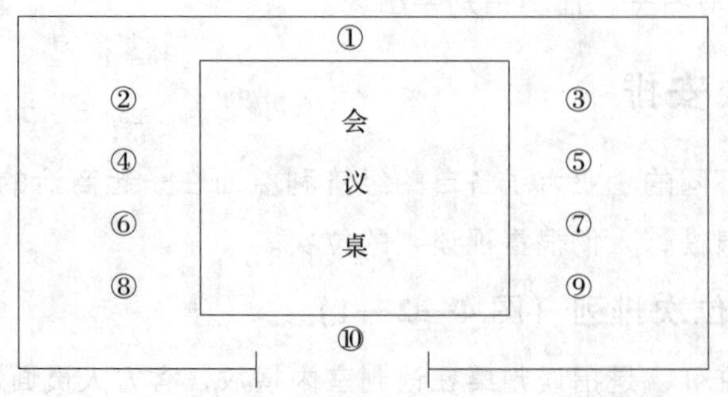

图 4—2—3 小型会议位次示意图

确定上位的基本方法：面门为上、居中为上、以右为上。

2. 大型会议位次排列（图 4—2—4）

大型会议一般是指与会者众多、规模较大的会议。会场上应设主席台与群众席，前者必须认真排座，后者的座次则可排可不排。大型会场的主席台一般应面对会场主入口。

主席台座次的排列要求：前排高于后排、中央高于两侧、右侧高于左侧（商务会议）/左侧高于右侧（政务会议）。

主席台必须排座次、放名签，以便领导对号入座，避免上台之后互相谦让。

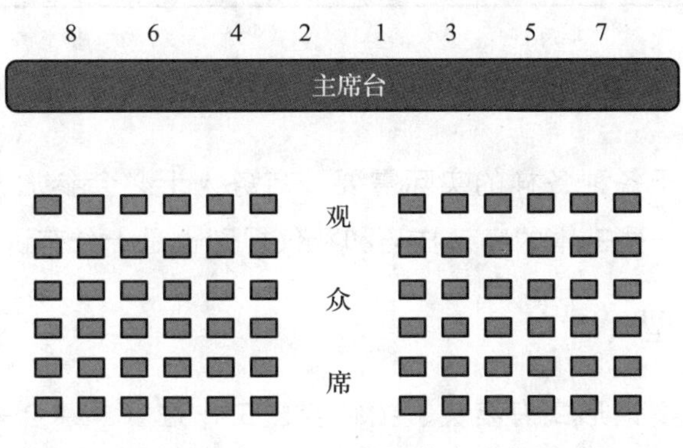

图 4—2—4 大型会议位次示意图

现场演练

各小组成员进行情景模式和角色扮演，将位次礼仪所学知识进行练习与巩固。

情景：位次礼仪

位次礼仪角色扮演见表 4—2—1。

表 4—2—1　　位次礼仪角色扮演

姓名	角色 1	评价	角色 2	评价

§4—3 宴请礼仪

学习目标

◆ 了解宴请的类型。

◆ 掌握餐桌上的礼仪要求。

◆ 掌握餐饮礼仪。

相关知识

在商务交往中，出于各种各样的实际需要，商务人士必会参加一些比较隆重的商务宴请。在宴请过程中，对一些基本的宴请技巧和礼仪规则也是十分有讲究的。

一、宴请的类型

当前国际上通用的宴请形式有宴会、招待会、工作进餐、茶会等，而至于采取何种形式，一般根据活动的目的、邀请对象以及经费开支等因素来决定。

1. 宴会

(1) 正式宴会

正式宴会是一种隆重而正规的宴请。它是为宴请专人而精心安排的、在比较高档的饭店或是其他特定的地点举行的、讲究排场及气氛的大型聚餐活动。对于到场的人数、穿着打扮、席位排列、菜肴数目、音乐演奏、宾主致辞等，都有十分严谨的要求和讲究。

(2) 非正式宴会

非正式宴会常见的有便宴和家宴两种形式。

1) 便宴常见的有午宴、晚宴。便宴同样适用于正式的商务交往。它比较简便、灵活，通常都形式从简，并不注重规模、档次。一般来说，便宴只安排相关人员参加，不邀请配偶。对穿着打扮、席位排列、菜肴数目往往不做过高要求，而且也不安排音乐演奏和宾主致辞。

2) 家宴是在家里举行的宴会。相对于正式宴会而言，家宴最重要的是要制造亲切、友好、自然的气氛，使赴宴的宾主双方轻松、自然、随意，彼此增进交流，加深了解，促进信任。

2. 招待会

招待会是指各种不配备正餐的宴请类型，一般备有食品和酒水，通常不排固定的席位，可以自由活动。常见的有酒会和冷餐会两种。

3. 茶会

茶会是一种简便的招待形式，一般在下午 4 点左右举行，也有的在上午 10 点左右举行。地点通常设在客厅，厅内摆放茶几、座椅，不排席位。但若是为贵宾举行的茶会，在入座时，主人要有意识地和主宾坐在一起，其他出席者可相对随意。

二、邀约和准备

接到宴会邀请（无论是请柬或邀请信），能否出席都要尽早答复对方，以便主人安排。一般来说，对注有请答复字样的，无论出席与否，均应迅速答复。注有不能出席请答复字样的，则不能出席时才回复，但也应及时回复。经口头约妥再发来的请柬，上面注有备忘字样的，只是起提醒作用，可不必答复。答复对方，可打电话或复以便函。

在接受邀请之后不要随意改动。万一遇到不得已的特殊情况不能出席，尤其是主宾，应尽早向主人解释、道歉，甚至亲自登门表示歉意。

应邀出席活动之前，要核实宴请的主人，活动举办的时间、地点，是否邀请了配偶，以及主人对服装的要求。活动多时尤应注意，以免走错地方，或主人未请配偶却双双出席。

1. 穿着打扮

出席宴会前，要做简单的梳洗打扮，女士要稍作修饰，显出秀丽、高雅的气质。男士也要把头发和胡须整理和刮洗干净，穿上一套整洁、大方且适合身份的衣服，容光焕发地赴宴。

2. 抵达

参加宴会切记不要迟到，要按规定的时间准时赴宴。到达的时间应以提前五六分钟为宜，千万不能迟到一刻钟以上，身份高者可略晚到达，一般客人宜略早到达。

抵达宴请地点，先到衣帽间脱下大衣和帽子，然后前往主人迎宾处，主动向主人问好。如是节庆活动，应表示祝贺。

三、餐桌礼仪

1. 入席

应邀出席宴请活动，应听从主人安排。如是宴会，进入宴会厅之前，先了解自己的桌次和座位，入座时注意桌上座位卡是否写着自己的名字，不要随意乱坐。男、女主人分别坐在长方形桌子的上、下方，女主人的右边是男主宾，男主人的右边是女主宾。其他客人的坐法是男女相间。男士在上桌之前要帮右边的女士拉开椅子，待女士坐稳后自己再入座。

2. 餐巾

落座之后，主人拿餐巾，才能跟着拿餐巾。不管这时出现什么情况（如主人有饭前祷告的习惯），主人没拿餐巾之前不能拿餐巾。准备用餐时，先将餐巾摊开，再对折，将褶线朝向自己，用餐过程中餐巾应平铺在并拢的双腿上，其主要目的是“迎接”进餐时掉落下来的菜肴、汤汁，以防弄脏衣服。用餐时，决不能把餐巾抖开，如围兜般围在身上，或塞在颈口，或把餐巾的一角塞进腰带等，这都是错误的。如果衣服的质地较滑，餐巾容易掉落，则应以不醒目的方法将餐巾两端塞在大腿下。

通常，不应用餐巾擦脸，擦手也要尽量避免。特别要注意的是，不可以用餐巾纸来擦餐具，一方面不雅观，另一方面会让人觉得你嫌弃餐具不干净，这样做有失风度。

3. 用餐

入座后，主人招呼，即开始进餐。取菜时，不要盛得过多。盘中食物吃完后，如不够，可以再取。如由招待员分菜，需增添时，待招待员送上时再取。如果本人不能吃或者不爱吃的菜肴，当招待员上菜或主人夹菜时，不要拒绝，可取少量放在盘内，并表示“谢谢，够了”。对不合口味的菜，勿显露出难堪的表情。

用餐时，有以下注意事项：

(1) 入座后姿势端正，脚放在本人座位下，不可任意伸直，手肘不得靠桌边缘，或将手放在邻座椅背上。

(2) 用餐时须温文尔雅，从容安静，不能急躁。

(3) 在餐桌上不能只顾自己，也要关心别人，尤其要招呼两侧的女宾。

(4) 口内有食物时，应避免说话。

(5) 自用餐具不可伸入公用餐盘中夹取菜肴。

(6) 必须小口进食，不要大口塞入口中。食物未咽下时，不能再塞入口中。

(7) 取菜、盛汤时，应使用公筷、公匙。

(8) 吃进口的东西不能吐出来，如系滚烫的食物，可喝水或果汁冲凉。

(9) 送食物入口时，两肘应向内靠，不要向两旁张开，以免碰及邻座。

(10) 自己手上持刀叉，或别人在咀嚼食物时，均应避免跟人说话或敬酒。

(11) 好的吃相是食物就口，不可将口就食物。食物带汁，不能匆忙送入口，否则汤汁滴在桌布上，极为不雅。

(12) 切忌用手指掏牙，应用牙签，并以手或手帕遮掩。

(13) 避免在餐桌上咳嗽、打喷嚏、怄气。万一发生，应说声“对不起”。

(14) 喝酒宜各随意，敬酒以礼到为止，切忌劝酒、猜拳、吆喝。

(15) 如餐具坠地，可请侍者拾起。

(16) 遇有意外，如不慎将酒、水、汤汁溅到他人衣服上，表示歉意即可，不必恐慌赔罪，反使对方难为情。

(17) 如欲取用摆在同桌其他客人面前的调味品，应请邻座客人帮忙传递，不可伸手横越，长驱取物。

(18) 如系主人亲自烹调的食物，勿忘给予赞赏。

(19) 倘发现盘中的菜肴混有昆虫或碎石，不要大惊小怪，宜候侍者走近，轻声告知侍者更换。

(20) 食毕，餐具务必摆放整齐，不可凌乱放置。餐巾也应折好放在桌上。

(21) 主食进行中不宜抽烟，如需抽烟，必须先征得邻座的同意。

(22) 进餐的进度宜与男女主人同步，不宜太快或太慢。

(23) 餐桌上不能谈悲戚之事，否则会破坏欢愉的气氛。

四、离席

1. 中途离席

常见一场宴会进行得正热烈的时候，因为有人想离开，而引起众人一哄而散的结果，使主人急得直跺脚。欲避免这种煞风景的后果，当需要中途离开时，千万别和谈话圈里的每个人一一告别，只要悄悄地和身边的两三人说明缘由，然后离去便可。

中途离开酒会现场，一定要向邀请者说明并致歉，不可一溜烟便不见了。和主人说明缘由后，应该马上就走，不要拉着主人在大门口聊个没完。因为当天对方要做的事情很多，现场还有很多客人等待他（她）去招呼，你占了主人的时间，会造成主人在其他客人面前失礼。

2. 告别

如果不想太引人注目，最好不要第一个告辞，也不要最后一个离开。在这期间什么时候告辞都可以，只是一旦告辞就应该爽快离开。

五、餐饮礼仪

1. 中餐礼仪

(1) 中餐餐桌摆设及席位安排礼仪

1) 桌次安排基本原则："面门定位""居中为尊""以远为上""右高左低"。同时兼顾其他各桌距离主桌的远近，距离主桌越近，桌次越高；距离主桌越远，桌次越低。

2) 席位安排以主为先。排列位次的基本方法如下：

①由两桌组成的小型宴请座次排序。这种情况又可以分为两桌横排和两桌竖排的形式。当两桌横排时，桌次是以右为尊，以左为卑。这里所说的右和左，是指进入房间，面对正门的位置来确定的。当两桌竖排时，桌次讲究以远为上，以近为下。这里所讲的远和近，是以距离正门的远和近而言的，如图 4—3—1 所示。

②由多桌组成的宴请桌次排序。在安排多桌宴请的桌次时，除了要注意"面门定位""以右为尊""以远为上"等规则外，还应兼顾其他各桌距离主桌的远近。通常，距离主桌越近，桌次越高；距离主桌越远，桌次越低，如图 4—3—2 所示。

在安排桌次时，所用餐桌的大小、形状要基本一致。除主桌可以略大外，其他餐桌都不要过大或过小。

图 4—3—1 两桌宴请桌次

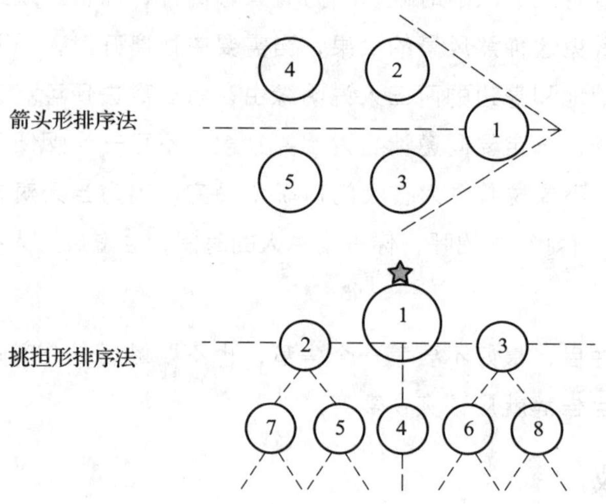

图 4—3—2 多桌宴请桌次

为了确保在宴请时赴宴者及时、准确地找到自己所在桌次，可以在请柬上注明对方所在的桌次，在宴会厅入口悬挂宴会桌次排列示意图，安排引位员引导来宾按桌就座，或在每张餐桌上摆放桌次牌（用阿拉伯数字书写）。

③单主人宴请时的座次排序。在本排法中，以主人为主心，主方其余座位和客方人员各自按“以右为贵”原则依次按“之”字形飞线排列，同时要做到主客相间，如图 4—3—3 所示。

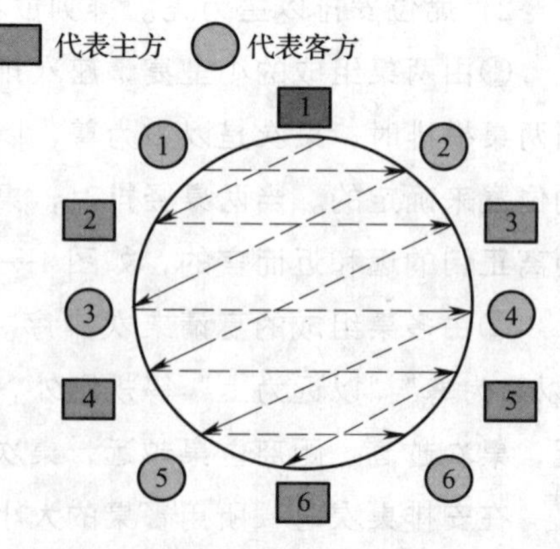

图 4—3—3 单主人宴请座次

④男女主人共同宴请时的座次排序。男女主人共同宴请时的排序方法是主副相对、以右为贵的排列。男主人坐上席，女主人位于男主人的对面。宾客通常随男女主人按右高左低的顺序依次对角飞线排列，同时要做到主客相间。国际惯例是男主宾安排在女主人右侧，女主宾安排在男主人右侧。具体

如图 4—3—4 所示。

⑤同性别双主人宴请时的座次排序。第一、第二主人均为同性别人士或正式场合下宴请时，采用主副相对、以右为贵的原则依次顺时针排列，同时要做到主客相间，如图 4—3—5 所示。

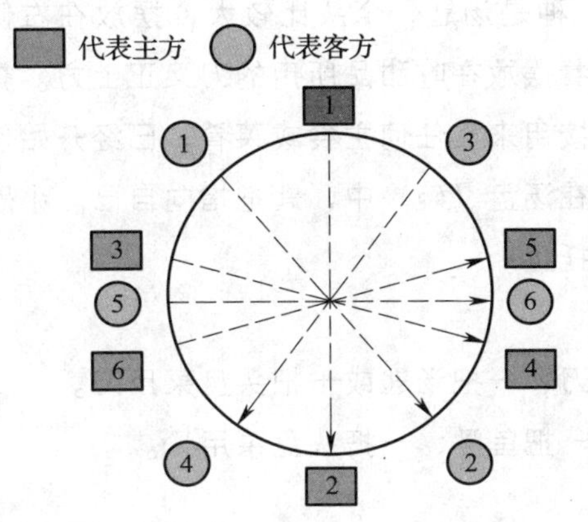

图 4—3—4 男女主人共同宴请座次

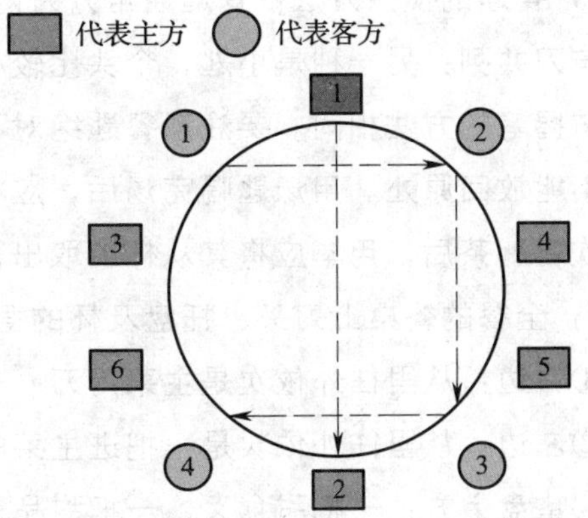

图 4—3—5 同性别双主人宴请座次

排列少于 5 人的便餐席位时，应遵循以下四个原则：

a. 右高左低原则：两人一同并排就座，以右为上座（中餐上菜时多以顺时针方向为上菜方向，靠右坐的人因此要比靠左坐的人优先受到照顾）。

b. 中座为尊原则：三人一同就座用餐，坐在中间的人在位次上高于两侧的人。

c. 面门为上原则：用餐的时候，面对正门的是上座，背对正门的是下座。

d. 特殊原则：高档餐厅，若有优美的景致或高雅的演出供用餐者欣赏，则观赏角度最好的位置是上座；在某些中低档餐馆用餐时，通常以靠墙的位置为上座，靠过道的位置为下座。

（2）中餐上菜礼仪

1）上菜的位置：上菜时应遵循左上右撤的原则，应从陪同之间上菜，不要从主人和主宾身边进行。

2）上菜的程序：先冷后热，先炒后烧，先咸后甜，先味浓后味淡。如给每个人上菜，要先主宾后主人，先女士后男士，按顺时针顺序依次进行。

2. 西餐礼仪

（1）西餐餐具的使用

1）选用餐具原则：叉置于餐盘左侧，刀和匙置于右侧，依上菜的顺利从外往内使用。

2）使用刀叉的基本方法：右手持刀或匙，左手拿叉。刀叉的拿法是轻握尾端，食指按在柄上，切东西时左手拿叉按住食物，右手执刀将食物锯切成小块，然后用叉子送入口中。若有两把以上的刀叉，应由最外面的一把向内依次取用。

3）刀叉传递的用餐信息：进餐中需要暂时放下刀叉时，应摆成“八”字形，分别放在餐盘边上，刀刃朝向自己，表示还要继续吃；用餐结束后，将叉的背面向上，刀的刀刃一侧向内与叉并拢平行放置于餐盘上，表示已经吃完，服务员可以将盘子或菜肴撤走。

4）餐匙的使用方法：餐匙通常分为两种，一种是汤匙，个头比较大，摆放在右侧最外端，与刀并列；另一种是小匙，个头比较小，横着摆放在吃甜品所用的刀叉正上方。餐匙的握法与握笔的方法相同。要注意餐匙绝对不能直接用来舀任何主食或菜肴，已经开始使用的餐匙不能放回原处。用汤匙喝完汤后，应将其留在汤盘（碗）中，匙把指向自己。小匙若用来调饮料、茶后，用毕应将其从杯中取出，放入托盘。

5）全餐的餐桌上刀叉、托盘及杯的摆放

①右边：从里往外依次是主菜用刀、一把鱼刀、一把汤匙或一把头盘菜用刀。

②左边：从里往外依次是一把进主菜的叉、一把鱼叉、一把头盘菜用叉。

③垫盘上方：一把甜食叉、一把甜品匙或刀。

④左边外侧：一个面包盘和一把黄油刀。面包盘要放在最外端叉子的左边，黄油刀放在盘中，刀锋向着自己。

⑤杯的摆放：一只白酒杯、一只红酒杯、一只水杯，排成三角形或一行。

（2）西餐席次的礼仪

西式宴请多采用长条餐桌，席位安排类似中式的圆桌，要让陪同人员或主人、副主人坐在长桌的两端，尽量留心别让客人坐在长桌两端的席位上。排座时还应考虑来宾民族习惯、宗教信仰的差异性，不要因此出现不协调的局面。具体如图 4—3—6 所示。

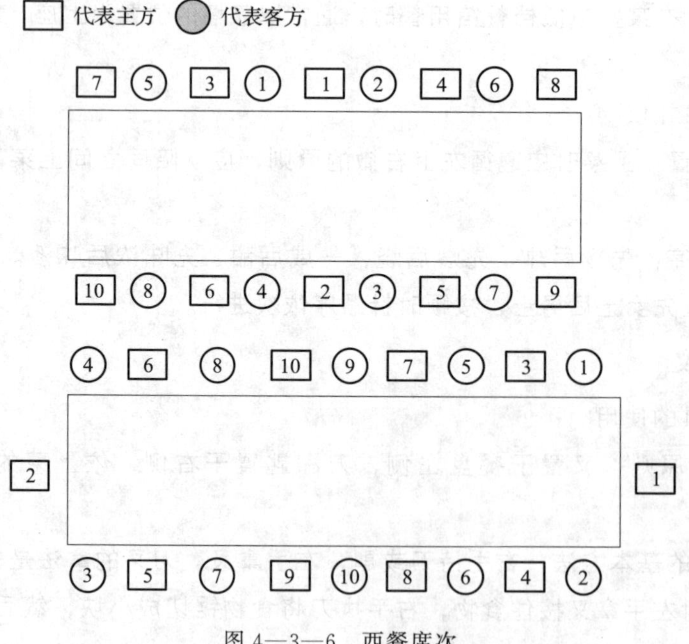

图 4—3—6 西餐席次

(3) 西餐上菜方式

1) 主菜和沙拉在厨房装入盘内，放在垫盘里端出送上。

2) 由服务员将大盘菜送到桌中央，由宾客自行取用，即混合式。

3) 厨师将菜装在一只专用的分菜盘内，由服务员分给客人。分菜时，站在客人的左边，用左手托盘，右手分菜。

上菜顺序是：女主宾、男主宾、主人、一般客人。

(4) 西餐的上菜顺序

开胃菜（头盘）→汤→副菜（小菜）→主菜（大菜）→蔬菜→甜品→水果→热饮。

(5) 西餐分菜礼仪

分菜时，要分派均匀，特别是主菜必须做到每位主宾的分量相同；分派时切不可将同一勺、同一叉的菜肴分派给两个人，更不可从已派分得多的主宾盘中取出一些再分给其他人；分菜时不可将盘菜一下子全部分光，应剩下10%左右，以表示菜的充足和以备主宾的添加；分菜时要注意将菜肴的美味部位分给主宾。

(6) 西餐用餐礼仪

1) 席位安排：非官方接待时，以女主人的座位为主位（女主人为第一主人，男主人为第二主人)，男女主人相对而坐。主宾坐在女主人右边，主宾夫人坐在男主人右边。

入席时，男宾应替身边的女宾移开椅子，让其入席后，自己才坐下。进餐时，男宾也要注意随时照顾女宾，女宾接受服务后，也不要忘记向男宾道谢。

2) 用餐时特别要注意的礼仪

①喝汤时：用汤匙由内向外舀起，饮用时不发出声音。

②吃面包时：不可用刀切面包，应用手撕下一口大小的量后再吃。

③吃水果时：取水果放入盘中来切，再用叉子叉着吃。

④喝咖啡时：用小匙搅拌方糖，而不是用来舀饮。

⑤吃鱼时：不可将鱼翻身，先吃一侧肉后用刀叉将鱼骨头剔掉。

⑥吃肉时：从左往右将肉切成一口大小的块蘸酱料吃。

⑦吃意大利面时：右手拿叉，用叉子慢慢将面条卷起来送入口中，可将勺子与叉子配合使用。

(7) 西餐用餐禁忌

1) 在餐桌上不可擤鼻涕。

2) 进食时要挺直身体。

3) 不要把餐巾挂在胸前。

4) 菜盘不可放到桌子中间去。

5) 不可用手将碗或盘里的食物端起来吃。

6) 不可用刀送食物入口。

7) 嘴里满含食物时不要说话。

8）不要把吃剩的大块食物再放回盘中。

9）饮食时不可发出声响。

10）在餐桌上不可使用牙签。

11）喝茶或咖啡时不可将匙放在杯中。

12）男士进食时绝不可戴帽子。

13）进食鱼类食物时不要将鱼翻身。

现场演练

各小组成员进行情景模式和角色扮演，将宴请礼仪所学知识进行练习与巩固。

1. 情景一：餐桌礼仪

餐桌礼仪角色扮演见表 4—3—1。

表 4—3—1　　餐桌礼仪角色扮演

姓名	角色 1	评价	角色 2	评价

2. 情景二：中餐礼仪

中餐礼仪角色扮演见表 4—3—2。

表 4—3—2　　中餐礼仪角色扮演

姓名	角色 1	评价	角色 2	评价

3. 情景三：西餐礼仪

西餐礼仪角色扮演见表 4—3—3。

表 4—3—3 西餐礼仪角色扮演

姓名	角色 1	评价	角色 2	评价

§4—4 签字仪式礼仪

学习目标

- 掌握签字仪式的注意事项。
- 掌握签字仪式的程序。

相关知识

签字仪式也叫签约仪式，即在签约中，为表示郑重和隆重而举行的仪式。签字仪式是仪式礼仪的重要内容。对于一个单位来说，为签约而专门办一场仪式，可见这样的签约对本单位的重大意义。对这样事关各方利益的“里程碑”式事件，各方都应当严格按照签字仪式礼仪要求，表现出己方严谨、专业的态度。

一、签字仪式的注意事项

在商务谈判结束并达成协议后，协议或合同文本需双方主要人员签字加以确定，通常可以举行签字仪式。在安排签字仪式时应注意以下问题：

1. 签字仪式的准备

对于重大的签字仪式，应该布置专用的签字厅。一般情况下，没有专用签字厅时也可以临时用会议厅、会客室来代替。签字厅内铺满地毯，除了必要的签字用桌椅外，其他陈设都不需要。

通用的签字桌是长形桌，桌子上一般铺深绿色的台呢。签字桌横放在室内，签字桌后面可以放两把座椅，供签字人就座。签署多边合同时，一般仅放一把座椅，供各方签字人轮流签字时就座；也可以给每位签字人都提供一把座椅。签字人一般面对正门就座。

签字桌的摆放方式、签字人及随员座次也有一定要求。

签字桌上需要事先放好需要签署的合同文本和签字笔、吸墨器等签字文具。合同文本需要用白纸印成，按大八开的规格装订成册，并以高档质料，如真皮、金属、软木等作为封面。

签字桌的正后方最好挂上“××××签字仪式”字样的条幅或背景布，上面标明签字各方的名称。条幅按惯例是红底白字或黄字；而背景布一般以蓝底为多，有时也可以加上其他图案，如项目合作图。而字的颜色，白、黄甚至红色都可以。

签涉外合同时要在签字桌上插放各方的国旗，有关各方的国旗插在该方签字人座椅正前方。

如果安排致辞，则可以在签字桌的右侧放置发言席或落地式话筒。

2. 签字仪式着装要求

签字仪式是非常正式的商务活动。签字人、助签人以及随员在出席签字仪式时，男士应当穿着具有礼服性质的深色西装套装或中山装套装，深色皮鞋，穿着西装时必须系单色领带，配白色衬衫；女士一般以西装、套裙为宜，这是最通用、最稳妥的着装。

签字仪式上的礼仪人员、接待人员可以穿自己的工作制服，女礼仪人员、接待人员也可以穿着旗袍一类的礼仪性服装。

3. 签字仪式人员

各方签字人的职务和身份应一致或大致相当，所以各方担任签字人的身份应事先通报对方。为了表示对签字的重视和庆贺，签字各方也可以派出职务较高的领导参加签字仪式，但也应当注意身份大体一致。

致辞人一般由签字各方职务最高的领导担任，有时也可以安排上级机关或协调机构的代表致贺词。签字仪式中安排致辞、祝酒等环节时，应当有主持人介绍致辞人的身份，主持人由主办方派有一定身份、形象好、语言表达能力强、善于应变的人士担任。另外，见证人主要是参加会谈的人员，各方人数应大致相等，也可以邀请保证人、协调人、律师、公证人员参加。大型或多方签字仪式还需要安排助签人，助签人就是在签字过程中帮助签字人翻揭文本、指明签字之处、互换文本等工作的人员，各自安排一位助签人就可以了。隆重的签字仪式上还应安排礼仪人员，以便在签字仪式正式开始之前引导双方进入签字厅，签字结束后端上香槟酒。礼仪人员由年轻、相貌良好的女性担任。

4. 参加人员举止礼仪

签署双边合同时，客方签字人在签字桌右侧就座，主方签字人在签字桌左侧就座。双方各自的助签人分别站在各方签字人的外侧，以便随时提供协助。双方其他随员按照一定顺序在己方签字人的正对面就座；也可以根据职务高低，依次从左到右（客方）或从右到左（主方）地列成一行，站在己方签字人身后，一行站不完时按照以上顺序并遵照“前高后低”的惯例排成多行。这是商务礼仪的基本要求。

签署多边合同时，各方签字人签字时根据事先约定的顺序逐个签字。各方助签人跟着一同行动。助签时根据“右高左低”的惯例，助签人站在己方签字人左侧。各方随员按一定顺序面对签字桌就座或站立。

按惯例，由己方保留的合同文本上己方签字的名字应列在第一位。因此，每个签字人都应先签署己方保存的合同文本，然后再交由他方签字。

有助签人员时，助签人员翻开合同夹，指明合同签字的位置，签字人在文本上签字后，助签人用吸墨器按压签字处吸干多余墨汁。交换签署或交换由己方保存的合同文本，都由各方助签人传递。签字结束后，各方签字人包括助签人都应热烈鼓掌，互致祝贺。主签人相互握手，以示庆贺；可以相互交换签字笔，以示纪念。没有助签人员时，由双方签字人左手捧合同文本，右手相握，此时其他人员鼓掌祝贺。之后由签字人相互交换合同文本。

完成后，双方可以共饮香槟酒互相道贺。

5. 对待签合同文本的要求

(1) 按照商界的习惯，在正式签署合同之前，应由举行签字仪式的主方负责准备待签合同的正式文本。

应会同有关各方一道指定专人，共同负责合同的定稿、校对、印刷与装订。

按常规，应为在合同上正式签字的有关各方均提供一份待签的合同文本。必要时，还可再向各方提供一份副本。

(2) 签署涉处商务合同

按照国际惯例，待签的合同文本应同时使用有关各方法定的官方语言。此外，亦可同时并用有关各方法定的官方语言。

(3) 待签的合同文本

应以精美的白纸印制而成，按大八开的规格装订成册，并以高档质料如真皮、金属、软木等作为封面。

二、签约的程序

签字仪式的正式程序一共分为四项，分别是：

1. 签字仪式正式开始。有关各方主要人员进入签字厅，在既定的位次上各就各位。

2. 签字人正式签署合同文本。通常的做法是，首先签署己方保存的合同文本，接着再签署他方保存的合同文本。

商务活动规定：每个签字人在己方保留的合同文本上签字时，按惯例应当名列首位。因此，每个签字人均应首先签署己方保存的合同文本，然后再交由他方签字人签字。这一做法在礼仪上称为“轮换制”，其含义是在位次排列上，轮流使有关各方均有一次机会居于首位，以显示机会均等，各方平等。

3. 签字人正式交换已经由有关各方正式签署的合同文本。此时，各方签字人应热烈握手，互致贺词，并相互交换各自一方刚才使用过的签字笔，以示纪念。

全场人员应鼓掌表示祝贺。

4. 共饮香槟酒互相道贺。交换已签的合同文本后，有关人员，尤其是签字人当场干一杯香槟酒，是国际上通行的用以增添喜庆色彩的做法。

在一般情况下，商务合同在正式签署后，应提交有关方面进行公证，此后才正式生效。

现场演练

各小组成员进行情景模式和角色扮演，将签字仪式礼仪所学知识进行练习与巩固。

1. 情景一：签字仪式准备

签字仪式准备角色扮演见表 4—4—1。

表 4—4—1 签字仪式准备角色扮演

姓名	角色 1	评价	角色 2	评价

2. 情景二：签字仪式礼仪

签字仪式礼仪角色扮演见表 4—4—2。

表 4—4—2 签字仪式礼仪角色扮演

姓名	角色 1	评价	角色 2	评价

第五章　商务办公礼仪

§5—1　办公室公共区域礼仪

学习目标

- 熟悉办公室公共区域礼仪的分类。
- 掌握办公室公共区域礼仪。

相关知识

办公室的公共区域是指办公楼内的楼道、电梯、卫生间等公众共有、共享的区域，也是人们公共交往的地方。掌握和应用好相关礼仪，有利于创造良好的办公和商务交往环境。

一、进出门的礼仪

无论是进出办公室大楼或办公室的房门，都应遵循轻推、轻拉、轻关的原则。进入他人的房间，一定要先敲门，敲门时一般用食指有节奏地敲两三下即可。与多人一起进出房间时，应讲究进出的顺序。

礼仪提示

确定进出房门顺序的基本原则为：职位低的人为职位高的人开门，男士为女士开门，主人为客人开门。秘书在陪同尊长或客人进出房门时，应根据基本原则视门的情况随机应变地为对方开门。无论进出哪一类门，在接待和引领时，运用的手势都要规范，同时结合使用“您请”“请走这边”“请各位小心”等提示语。

二、乘坐电梯的礼仪

1. 注意安全

（1）随客人或长辈来到电梯厅门前时，先按电梯按钮。

（2）当电梯开、关门时，不要抢时间扒门，或是强行挤进、挤出。

（3）电梯人数超载时，不要心存侥幸，非进不可。

（4）电梯在行走途中因故暂停时，应按紧急呼叫铃，不要冒险攀援。

2. 注重次序

（1）若与陌生人同乘电梯，谁较接近电梯门口，谁先上下电梯，依次进出，以免挡路。

若搭乘较为拥挤的电梯，电梯门一开启，即使不是你到的楼层，如果你站在最外面，也要主动先出去，方便后面的人有空间走出来。

(2) 若与熟人或客人同乘电梯，应视具体情况而定：进入有人管理的电梯时，应让尊长、女士、客人先进先出，以示尊重；进入无人管理的电梯时，应先进后出，以便于服务和控制电梯开关。

3. 注重电梯内的礼仪

(1) 进入有人管理的电梯时，应迅速自报楼层，并表示感谢；进入无人管理的电梯时，要先按楼层，如有不便，亦可请他人代劳。

(2) 进入电梯后选择的位置要合适，不可站在电梯门口妨碍他人出入；上高层时，要尽量靠电梯里面站；人数少时，应适时调整位置，均匀松散地站在电梯内。

(3) 电梯内尽量侧身面对客人，在电梯内应尽量减少动作及动作幅度，以免影响他人。

(4) 电梯内应保持安静，尽量不在电梯内寒暄、不谈公事或聊天，更不要高声阔论。但接待客人时，如果电梯内人员较少，为免尴尬，则可适度寒暄。

(5) 到达指定的楼层前应提前打招呼，以免电梯到达该楼层后从别人身边挤过去。

三、上下楼梯的礼仪

(1) 要遵循单行行进的原则。上下楼梯时因为楼道比较狭窄，并排行走会阻塞交通，应靠右侧单行行进。

(2) 要遵循前方为上的次序原则。上下楼梯时，次序上前方高于后方，以前方为上。一般情况下，应该让客人走在前面，把选择前进方向的权利让给客人。但如果接待陪同的客人是一位女士，而女士又身着短裙，为避免走光，接待陪同人员要走在女士前面。

(3) 走楼梯时不宜四处张望，也不宜过多交谈。

四、使用洗手间的礼仪

(1) 使用洗手间要遵循先后顺序，除非紧急，否则不宜抢先。

(2) 洗手间遇见同事不要刻意回避，要招呼致意。不宜装作没看见对方，以免让人产生不爱理人的印象。

(3) 尽量不与上司在同一时间上洗手间，尤其是在洗手间较小的情况下。

(4) 在洗手间里同样要讲究礼仪，要讲究公共卫生，如厕后要冲水，用过的卫生纸要放入纸篓，如厕完毕要洗手，洗完手后可用自动干手器将手吹干，或用干手纸擦干，用完后的干手纸应扔进废纸箱或废纸桶中。

(5) 在洗手间谈话要注意言谈礼仪，不可大声喧哗，也不要谈论要事或议论他人，以防“隔墙有耳”。

五、在别人办公室的礼仪

(1) 无论办公室的门是关还是开，进入办公室前应先敲门，得到允许后方可进入。

(2) 在别人的办公室里，要等人示意后才能入座。

(3) 如果谈话过程中对方有来电，应询问是否需要自己回避。

(4) 将文件、茶杯等放在办公室的桌上或需要挪动椅子，都要征得主人的同意，离开时还应将挪动的椅子归位。

(5) 如果需要使用别人的办公室或设备，应事先征得主人的同意，但不要乱翻别人的抽屉或文件，也不要偷看桌上的文件。

(6) 到别人办公室去拜访时，不要停留过久，以免影响主人的工作。

六、公司餐厅用餐礼仪

(1) 在公司餐厅就餐应自觉排队，不要插队，不要敲击碗筷，不要把饭菜撒在地上，吃不完的食物应倒入指定的容器中。

(2) 要按时就餐，文明就餐，勤俭节约，要尊重餐厅工作人员的人格和劳动。

(3) 结束进餐，待要退席时，应把自己放在桌上的丢弃物品随身带走，放入指定位置。

现场演练

各小组成员进行情景模式和角色扮演，将办公室公共区域礼仪所学知识进行练习与巩固。

1. 情景一：乘坐电梯

乘坐电梯角色扮演见表5—1—1。

表5—1—1　乘坐电梯角色扮演

姓名	角色1	评价	角色2	评价

2. 情景二：到他人办公室拜访

到他人办公室拜访角色扮演见表5—1—2。

表 5—1—2 到他人办公室拜访角色扮演

姓名	角色 1	评价	角色 2	评价

§5—2 展厅接待礼仪

学习目标

- 掌握客户接待流程。
- 熟悉展厅接待的注意事项。

相关知识

作为一名合格的销售顾问，不仅要有专业的汽车知识，而且要有敏锐的销售意识，积极的工作态度，健康向上的团队及敬业精神。遵照规范的操作流程，把企业文化及产品信息传递到每一位客户心中，体现了一名销售顾问的综合素质及能力。

一、客户接待准备

1. 销售顾问服装整洁，仪表得体，着公司统一制服，佩戴工牌（统一左胸）。

2. 做好售前准备。每名销售顾问人手配备一个工具夹，工具夹中准备好签字笔、名片、打火机、计算器、订单、全套车型资料、当前优惠活动资料、保险/贷款资料、上牌服务各项资料等，接待客户时应全程携带。

二、客户接待（图 5—2—1）

1. 客户进入公司，销售顾问应立即上前迎接，并主动向客户打招呼，面带微笑，点头示意，将客户迎进。

2. 当客户进入展厅后，销售顾问应第一时间递上名片，并自我介绍，“您好！欢迎光临本 4S 店，我是销售顾问××，请问您怎么称呼?”

3. 自我介绍之后立刻寒暄。可以通过天气、地理位置、当前活动、客户的衣着及配饰进行寒暄，例如，“先生，今天天气真好”“女士，您的包真好看”等。

4. 需求分析。销售顾问与客户在洽谈区聊天，这时候不要谈车，多聊客户的事，但注意规避隐私。需求分析是整个销售过程中最关键的一环，并且贯穿整个销售过程始终。

图 5—2—1 客户接待

5. 如果客户问价格，那么就跟客户说“先生/女士，要不我先给您介绍一下车吧”，进行六方位绕车（图 5—2—2）。

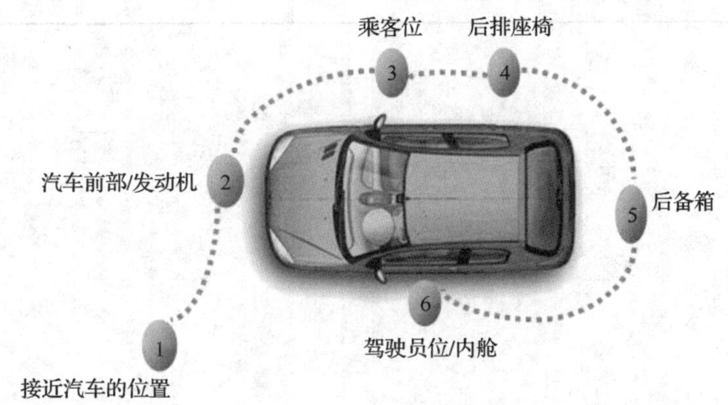

图 5—2—2 六方位绕车

6. 车辆演示完后，可向客户提出分期付款建议，如果客户对此有兴趣，此时带客户到洽谈区坐下，为客户倒好水，列一份详细的客户计划书（分期专用），并详细介绍分期的优势，推进客户在我公司分期购车。

7. 鼓励客户试乘、试驾，建立购买信心。

8. 试驾结束，由客户填写《试乘试驾体验表》，征求客户对车的直观体验。

9. 接待完毕，应送客户出门口，为客户将门向外推开，与客户握手道别，并说“欢迎您的下次莅临赏车”，挥手目送其离开。

三、客户接待后

1. 检查车辆复位情况，将车门、前机盖关好，座椅调整至最佳位置，取出试听 CD、VCD 碟及车钥匙放回总台处。

2. 清理客户洽谈区的卫生，保持展厅整洁、干净。

3. 将客户信息记录在客户登记本上，及时跟踪。

现场演练

各小组成员进行情景模式和角色扮演，将展厅接待礼仪所学知识进行练习与巩固。

情景：展厅接待

展厅接待角色扮演见表 5—2—1。

表 5—2—1　　展厅接待角色扮演

姓名	角色 1	评价	角色 2	评价

第六章　商务活动礼仪

§6—1　工作会议礼仪

学习目标

- 了解工作会议礼仪的概念。
- 掌握工作会议礼仪的内容。

相关知识

会议是指有领导、有组织地使人们聚集在一起，对某些议题进行商议或讨论的集会。会议是商务活动的重要组成部分，是商务人员日常交往中必不可少的活动。

一、办会礼仪

办会是指从事会务工作，即负责从会议的筹备直至其结束、善后的一系列具体事项。商务人员办会应遵循以下的礼仪规范：

1. 会前礼仪

在会议召开之前一定要做好准备工作，需要注意以下几个方面：

(1) 会议议题的确认

确认会议要讨论哪些问题。

(2) 会议开始时间、持续时间的确认

为方便参会人员合理地安排好自己的工作，办会方应及时将会议开始的时间、持续的时间及会议议程告诉所有的参会人员。

(3) 会议地点确认

确认会议召开的具体地点，要注意会议室的大小、布局等是否适合此次会议的举行。

礼仪提示

(1) 选择会议场所时，应当考虑出席会议人员的身份、人数，提前布置会场。

(2) 会场的大小应当与参加人数相符，不要过于拥挤或过于空荡。

(3) 大型会议还要保证有足够的停车位。

(4) 如果开会时间较长，则应当提供足够的、舒适的座椅。

(5) 会场应当保持通风良好、温度适宜、光线适度。

(4) 会议出席人员确认

确认会议有哪些领导出席，有哪些人参加。

(5) 通知与会者

以会议通知书的形式通知与会者参加会议。会议通知书的内容要尽可能详尽、明确，会议通知书的内容一般包括会议名称、主办者、会议内容（包括会议的目的、主题、议题、讨论的提纲、议程等）、参加对象、会议时间（包括报到时间、会议正式开始和结束时间）、会议地点、回执或报名表等。

(6) 接送服务、会议设备及资料、公司纪念品等确认

根据此次会议的类型、目的，准备好相应的物品，如纸、笔、笔记本、投影仪、咖啡、小点心等。

2. 会中礼仪

(1) 会议主持人礼仪

主持人一般由具有一定职位的人来担任，主持会议期间，应遵循以下的礼仪规范：

1）主持人应衣着整洁，大方、庄重，精神饱满，口齿清楚，思维敏捷。

2）主持人应步伐稳健地走上主席台。如果是站立主持，应双腿并拢，腰背挺直，若单手持稿，应右手持稿的底中部，左手五指并拢自然下垂；若双手持稿时，应与胸齐高。如果是坐着主持，应身体挺直，双臂前伸，两手轻按于桌沿。

3）主持会议时，主持人要注意介绍参会人员、控制会议进程和控制会议时间；主持过程中，主持人切忌出现搔头、揉眼、抖腿等不雅动作。主持人在主持时对会场上的熟人不能打招呼，更不能寒暄、闲谈，可在会议开始前，点头、微笑致意。

(2) 会议座位的安排礼仪

按规模，会议可划分为大型会议和小型会议，其中，大型会议发言席的位置一般设于主席台的右前方（图 6—1—1）。

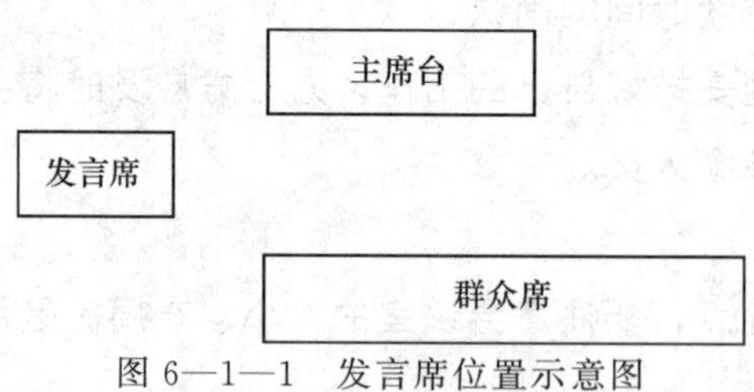

图 6—1—1　发言席位置示意图

会议座位的安排具体参见“位次礼仪”部分。

(3) 会议时间礼仪

会议应尽量准时开始，否则会引起与会者的不满。如果因为重要人物未到场而不能准时开始，会议组织者要向与会者说明原因，或者可以临时安排其他项目。

3. 会后礼仪

在会议完毕后，会后的工作主要包括以下四个方面：

(1) 形成会谈文字记录或阶段性质决议，并由专人负责相关事物的跟进。

(2) 赠送纪念品。

(3) 组织参观活动。

(4) 合影留念。

二、参会礼仪

1. 一般与会人员礼仪

(1) 一般与会人员要衣着整洁、仪表大方，服从会议组织人员的安排，准时入场，切忌迟到。

(2) 出席会议前要做好相关准备工作，如记录会议用的笔记本、笔等。

(3) 会议中不要向他人借东西，以免打扰别人。

(4) 进入会场后要把手机关闭或者调成振动状态。

(5) 会议期间要尊重会议主持人和发言人，当发言人在发言的时候，要注意认真倾听，并认真做好记录。切忌在发言人发言时交头接耳、随意走动、看书、抽烟、吃零食、睡觉、玩手中的东西等。即使对发言人的意见不满，也不可以有吹口哨，鼓倒掌，喧哗、起哄等失礼行为。

(6) 会议中尽量不要中途离开会场，若有事必须离开，也要轻手轻脚，不要影响发言人和其他与会者。如果确实需要提前离场，则应该和会议组织者说明理由，征得同意后方能离开会场。

2. 会议发言人礼仪

会议发言有正式发言和自由发言两种，前者一般是领导报告，后者一般是讨论发言。不论是哪一种发言，发言者对于与会者的提问都应礼貌作答；对于不能回答的问题，应机智而礼貌地说明理由；对于提问者的批评和意见，应认真听取，即使提问者的批评是错误的，也不应失态。会议发言者的礼仪细则见表 6—1—1。

表 6—1—1　　发言者的礼仪细则

发言人类型	礼仪细则
正式发言者	(1) 衣着整齐 (2) 走上主席台应自然、刚劲有力 (3) 发言时应口齿清晰、讲究逻辑、简明扼要 (4) 如果是书面发言，要时常抬头扫视一下会场，不能只低头读稿，旁若无人 (5) 发言完毕，应对听众的倾听表示谢意
自由发言者	(1) 发言应讲究顺序和秩序，不能争抢发言 (2) 发言应简短，观点应明确 (3) 与他人有分歧时，应以理服人，态度平和 (4) 听从主持人的指挥，不能只顾自己

各小组成员进行情景模式和角色扮演，将工作会议礼仪所学知识进行练习与巩固。

1. 情景一：组织工作会议

组织工作会议角色扮演见表6—1—2。

表6—1—2　　组织工作会议角色扮演

姓名	角色1	评价	角色2	评价

2. 情景二：参加工作会议

参加工作会议角色扮演见表6—1—3。

表6—1—3　　参加工作会议角色扮演

姓名	角色1	评价	角色2	评价

§6—2　展览会礼仪

学习目标

- 熟悉组织展览会的礼仪。
- 熟悉参加展览会的礼仪。

相关知识

展览会是一种集声音（如讲解、交谈和现场广播）、文字（如宣传手册、资料）、图像（如各种照片、录像、幻灯片）等多种传播媒介于一体的复合传播方式，具有直观、形象、生动的特点。为了办好展览会，有关单位在组织、参加展览会时，就应当遵循有关的礼仪规范与惯例。

一、组织展览会的礼仪

1. 联系展览场所

举办单位应根据展览会的主题，事先联系好展览场所，确定展览时间，制定展览方案，并成立相应的组织机构，然后通过广告、寄发邀请函、召开新闻发布会等适当的形式发布展览会信息。

2. 确定参展商

主办单位应遵循自愿的原则进行招展，对于报名的参展商，主办单位应对其进行资格审核。名单确定后，主办单位应及时向参展商发出正式通知，以便参展商尽早做好参展的准备。

3. 分配展位

主办单位根据参展商的需求和场馆的实际情况，对展位进行公平、公开、公正的分配，展位分配常见方法有以下几种：

(1) 竞拍。主办单位根据展位的面积、方位等制定相应的价位，然后组织拍卖，由参展商在会上进行自由角逐。

(2) 投标。参展商依照各自的情况自行报价，主办单位按照“就高不就低”的原则进行展位的分配。

(3) 抽签。通过抽签的方式确定各参展商的展位。

(4) 正式报名时的先后顺序。按照参展商报名的先后顺序依次确定展位。

4. 做好保卫和其他辅助性服务

主办单位应保证参展商的财物安全，若展会的规模较大，应事先请当地公安部门配合做好安全保卫工作。主办单位除了确保参展商的安全外，还应为参展商提供必要的辅助性服务，如展品的运输与安装，车票、船票、机票的订购，与海关、商检、防疫部门的协调，跨国参展时有关证件、证明的办理，电话、传真、计算机、复印机等现代化的办公设备，餐饮服务等。

二、参加展览会的礼仪

1. 维护形象

参展商的整体形象由展示物的形象与工作人员的形象两部分构成。其中工作人员的形象是指在展览会上直接代表参展商露面的人员的形象。为树立良好的形象，工作人员应统一着装，着装以单位制服或深色的西装、套裙为最佳选择；胸前挂有标有单位名称、职务、姓名和彩照的胸卡；不佩戴任何的首饰；男工作人员应当剃须，女工作人员则最好化淡妆。大型展会，参展商还可安排礼仪小姐迎宾，礼仪小姐的服装以色彩鲜艳的单色旗袍为宜，并胸披写有参展单位或其主要展品名称的大红色绶带。

2. 礼貌待客

当观众走近自己的展位时，工作人员要面含微笑，站立迎宾，主动地对观众说："您好！欢迎光临"，并向观众伸手示意展位，请其参观。当观众在本单位的展位上进行参观时，工作人员既可随行于其后，以备随时接受观众的咨询；也可以请其自便，不加干扰。对于观众所提出的问题，工作人员要认真做出回答。当观众离去时，工作人员应当真诚地向对方欠身施礼，并道以"谢谢光临"或"再见"。

3. 讲解到位

展览会应设有专门的讲解员，讲解员的讲解要做到：

(1) 讲解流畅，不用生冷僻字。

(2) 讲解的内容要实事求是，不弄虚作假，不愚弄听众。

(3) 在实事求是的前提下，要注意对其扬长避短，强调"人无我有"之处。

(4) 语调清晰流畅，声音洪亮悦耳，语速适中。

(5) 要善于因人而异，使解说具有针对性。

现场演练

各小组成员进行情景模式和角色扮演，将展览会礼仪所学知识进行练习与巩固。

1. 情景一：组织展览会

组织展览会角色扮演见表 6—2—1。

表 6—2—1　　组织展览会角色扮演

姓名	角色 1	评价	角色 2	评价

2. 情景二：参加展览会

参加展览会角色扮演见表 6—2—2。

表 6—2—2　　参加展览会角色扮演

姓名	角色 1	评价	角色 2	评价

§6—3　庆典活动礼仪

学习目标

- 熟悉组织庆典的礼仪。
- 熟悉庆典的程序礼仪。
- 熟悉参加庆典的礼仪。

相关知识

一、组织庆典的礼仪

1. 成立筹备组。庆典一经决定举行，应成立庆典筹备小组确保庆典顺利进行。庆典筹备小组下设公关、接待、财务、会务等若干专项小组，各小组明确分工，各司其职。其中礼宾工作由接待小组负责，接待小组通常由年轻、精干、身材与形象较好、口头表达能力和应变能力较强的男女青年组成。

2. 确定庆典的形式。庆典的形式多种多样，可以是正规的大会、宴会、招待会或舞会等，各商务组织应根据庆典的缘由、目的选择合适的庆典形式。

3. 安排庆典的内容。庆典的内容以庆祝为中心，策划时应周密、细致，尽量把每一项具体活动组织得热烈、欢快而隆重，营造一种喜庆且令人激动的气氛，最终给全体出席者带来欢快、愉悦的感受。

4. 进行舆论宣传。庆典之前，应选择有效的传播媒介进行广泛的宣传，宣传的内容主要包括庆典举行的时间、地点，庆典的形式、内容及本单位的其他相关信息。此外，还需要宴请有关媒体到现场采访、报道，以加强宣传的力度。

5. 确定出席者。以庆典的宗旨为指导思想，对出席者进行选择，精心确定好庆典的出席人员名单。一般来说，庆典的出席者通常应包括上级领导、社会名流、新闻传媒、合作伙伴、社区邻里、员工代表等。理论上讲，庆典来宾数量越多现场越热闹，但应根据庆典的具体目标与经费控制好人员的数量。人员的具体名单一经确定，就应尽早发出邀请或通知，鉴于庆典的出席人员甚多，牵涉面极广，故不到万不得已，均不许将庆典取消、改期或延期。

6. 选择地点。选择庆典的具体地点时，应考虑庆典的规模大小、影响力多少以及本单位的实际情况等相关因素。通常可选择的地点有本单位的礼堂、会议厅、本单位内部或门前的广场等。

7. 布置环境场地。庆典活动的现场应悬挂“×××××庆典活动”的横幅，在贵宾站立之处铺设红地毯，在醒目之处摆放来宾赠送的花篮、牌匾，同时庆典现场还可张灯结彩，悬挂彩灯、彩带，张贴一些宣传标语，以烘托庆典现场的热烈、隆重、喜庆的气氛。在庆典现场应提前准备好来宾的签到簿、本企业的宣传材料、待客物品等。

8. 准备音响。在举行庆典之前，应认真检查音响设备，尤其是供来宾讲话时使用的麦克风和扩音设备。如果有能力还可以请由本企业的员工组成的乐队、锣鼓队演奏音乐或敲打锣鼓，烘托热闹的气氛，但要注意适度。在庆典举行前后，播放一些喜庆、欢快的乐曲。

9. 接待来宾。与一般商务交往中的来宾接待相比，出席庆祝仪式的来宾的接待，更应突出礼仪性。通过接待工作，使来宾感受到主人真挚的尊重，并且使每位来宾都能心情舒畅，宾至如归。接待来宾的工作主要有：

(1) 来宾的接送：即在举行庆祝仪式的现场迎接或送别来宾。

(2) 来宾的引导：即由专人负责为来宾带路，将其送到既定的地点。

(3) 来宾的陪同：对于某些年事已高或非常重要的来宾，应安排专人全程陪同，以便关心和照顾。

(4) 来宾的接待：来宾的接待，即指派专人为来宾送饮料、上点心以及提供其他方面的关照。

二、庆典的程序礼仪

依照常规，一次庆典大致上应包括下述几项程序：

1. 介绍嘉宾。请来宾就座、保持安静，介绍嘉宾。

2. 宣布庆典正式开始。全体起立、奏国歌、唱本单位之歌（如果有的话）。

3. 本单位主要负责人致辞。内容包括对来宾表示感谢、介绍此次庆典的缘由等，其重点应是报捷以及庆典的可“庆”之处。

4. 嘉宾讲话。大体上讲，出席庆典的上级主要领导、协作单位及社会实体单位，均应有代表讲话或致贺词。嘉宾讲话应当提前约定好，不要当场当众推来推去。对外来的贺电、贺信等，可不必一一宣读，但对其署名单位或个人应当公布。在进行公布时，可依照其“先来后到”的顺序，或是按照其具体名称的汉字笔画多少进行排列。

5. 安排文艺演出。安排文艺演出的程序可有可无，如果准备安排，那么应当慎选内容，注意不要有悖于庆典的主旨。

6. 来宾参观。如有可能，可尽量安排来宾参观本单位的有关展览或车间等。当然，此项程序有时也可省略。

三、参加庆典的礼仪

1. 庆典主办方人员的出席礼仪

按照庆典仪式礼仪的规范，作为庆典主办方的出席人员应注意以下几个方面的礼仪问题：

(1) 仪容服饰。庆典主办方的出席人员应洗澡、理发，男士应刮净胡须、穿统一的制服，无制服的单位，应穿着符合礼仪的服装。

(2) 遵守时间。上至主办方的最高负责人，下至一般的普通员工，都应遵守时间，不可姗姗来迟或无故缺席，更不应中途退场。如果事先已规定了庆典的起止时间，则应准时开始，准时结束。

(3) 表情庄重。在庆典举行期间，不允许嘻嘻哈哈、嬉皮笑脸，或是愁眉苦脸、唉声叹气、一脸晦气，否则会给来宾留下很不好的印象。在举行庆典的整个过程中都要表情庄重、聚精会神。假若庆典之中安排了升国旗、奏国歌、唱本单位之歌的程序，一定要依礼行事：起立、脱帽、立正、面向国旗或主席台行注目礼，并且认认真真、表情庄严而肃穆地和大家一起唱国歌、唱本单位之歌。

(4) 态度友好。对来宾的态度要友好，应主动热情地问好，不要对来宾进行围观和指点，更不应持有敌意，对来宾提出的问题应立即友善地答复。当来宾在庆典上发表贺词或是随后进行参观时，要主动鼓掌表示欢迎或感谢。在庆典中，即使个别来宾在庆典中表现得对主人不够友善，或说不太顺耳的话，主方人员也应当保持克制，不要出现吹口哨、鼓倒掌、敲打桌椅、胡乱起哄等现象，更不允许打断来宾的讲话，向其提出挑衅性质疑，或是对其进行人身攻击。

(5) 行为自律。参加庆典活动的主方人员应避免出现以下的不良行为：

1) 忌“想来就来，想走就走”，或是在庆典举行期间到处乱走、乱转。

2) 忌有意无意地表示出对庆典毫无兴趣，如读小说、看报纸、听音乐、玩游戏、打扑克、打瞌睡、织毛衣等。

3) 忌让人觉得自己心不在焉，诸如探头探脑、东张西望、一再看手表或是向别人打听时间。

4) 忌与周围的人说“悄悄话”、开玩笑或是朝主席台上的人挤眉弄眼、出怪样子。

5) 当本单位的会务人员对自己有所要求时，需要“有则改之，无则加勉”，不要一时冲动，或是为了显得自己玩世不恭，而产生逆反心理，做出傻事来。

(6) 发言简短。参加庆典的主方人员在庆典活动中有发言时，应注意以下几个问题：

1) 上下场时要沉着冷静。走向讲坛时，应不慌不忙，不可急奔过去，也不可慢吞吞地“起驾”。在开口讲话前，应平心静气，不要气喘吁吁、面红耳赤、满脸是汗、急得讲不出话来。

2）要讲究礼貌。在发言开始时，别忘说一句“大家好”或“各位好”；在提及感谢对象时，应目视对方；在表示感谢时，应郑重地欠身施礼；对于大家的鼓掌，则应以自己的掌声来回礼；在讲话末了，应当说一声“谢谢大家”。

3）要宁短勿长。发言一定要在规定的时间内结束，而且宁短勿长，不要随意发挥，信口开河。

4）应少做手势。含义不明的手势应当少做，尤其在发言时应当坚决不用。

2. 庆典被邀请方的礼仪

外单位人员在参加庆典时，同样有必要“既来之，则安之”，以自己上佳的临场表现，来表达对庆典方的敬意与对庆典本身的重视。倘若在参加庆典时表现欠佳，对庆典方是一种伤害。在参加庆典时，若是以单位而不是以个人名义来参加，更要特别注意自己的临场表现，不可轻举妄动或放纵不羁。

现场演练

各小组成员进行情景模式和角色扮演，将庆典活动礼仪所学知识进行练习与巩固。

1. 情景一：组织庆典

组织庆典角色扮演见表 6—3—1。

表 6—3—1　组织庆典角色扮演

姓名	角色 1	评价	角色 2	评价

2. 情景二：参加庆典

参加庆典角色扮演见表 6—3—2。

表 6—3—2　参加庆典角色扮演

姓名	角色 1	评价	角色 2	评价